TRANZLATY

Sprache ist für alle da

Språk er for alle

Der Ruf der Wildnis

Nar villdyret vakner

Jack London

Deutsch / Norsk

Ins Primitive
Inn i det primitive

Buck las keine Zeitungen
Buck leste ikke avisene.

Hätte er die Zeitung gelesen, hätte er gewusst, dass Ärger im Anzug war.
Hadde han lest avisene, ville han visst at det var trøbbel i vente.

Nicht nur er selbst, sondern jeder einzelne Tidewater-Hund bekam Ärger.
Det var trøbbel ikke bare for ham selv, men for alle tidevannshunder.

Jeder Hund mit starken Muskeln und warmem, langem Fell würde in Schwierigkeiten geraten.
Enhver hund med sterke muskler og varm, lang pels kom til å få trøbbel.

Von Puget Bay bis San Diego konnte kein Hund dem entkommen, was auf ihn zukam.
Fra Puget Bay til San Diego kunne ingen hund unnslippe det som ventet.

Männer, die in der arktischen Dunkelheit herumtasteten, hatten ein gelbes Metall gefunden.
Menn, som famlet i det arktiske mørket, hadde funnet et gult metall.

Dampfschiff- und Transportunternehmen waren auf der Jagd nach der Entdeckung.
Dampskip- og transportselskaper jaget oppdagelsen.

Tausende von Männern strömten ins Nordland.
Tusenvis av menn stormet inn i Nordlandet.

Diese Männer wollten Hunde, und die Hunde, die sie wollten, waren schwere Hunde.
Disse mennene ville ha hunder, og hundene de ville ha var tunge hunder.

Hunde mit starken Muskeln, die sie zum Arbeiten brauchen.
Hunder med sterke muskler å slite med.

Hunde mit Pelzmantel, der sie vor Frost schützt.

Hunder med lodden pels for å beskytte dem mot frosten.

Buck lebte in einem großen Haus im sonnenverwöhnten Santa Clara Valley.
Buck bodde i et stort hus i den solkysste Santa Clara Valley.
Der Ort, an dem Richter Miller wohnte, wurde sein Haus genannt.
Dommer Millers sted, ble huset hans kalt.
Sein Haus stand etwas abseits der Straße, halb zwischen den Bäumen versteckt.
Huset hans lå litt tilbaketrukket fra veien, halvt skjult blant trærne.
Man konnte einen Blick auf die breite Veranda erhaschen, die rund um das Haus verläuft.
Man kunne få glimt av den brede verandaen som strakte seg rundt huset.
Die Zufahrt zum Haus erfolgte über geschotterte Zufahrten.
Huset ble nådd via gruslagte innkjørsler.
Die Wege schlängelten sich durch weitläufige Rasenflächen.
Stiene slynget seg gjennom vidstrakte plener.
Über ihnen waren die ineinander verschlungenen Zweige hoher Pappeln.
Over dem var de flettede grenene til høye popler.
Auf der Rückseite des Hauses ging es noch geräumiger zu.
På baksiden av huset var det enda mer romslig.
Es gab große Ställe, in denen ein Dutzend Stallknechte plauderten
Det var flotte staller, hvor et dusin brudgommer pratet
Es gab Reihen von weinbewachsenen Dienstbotenhäusern
Det var rekker med vinrankede tjenestehytter
Und es gab eine endlose und ordentliche Reihe von Toilettenhäuschen
Og det var en endeløs og ordnet rekke med uthus
Lange Weinlauben, grüne Weiden, Obstgärten und Beerenfelder.
Lange druelysthus, grønne beitemarker, frukthager og bæråkrer.

Dann gab es noch die Pumpanlage für den artesischen Brunnen.

Så var det pumpeanlegget for den artesiske brønnen.

Und da war der große Zementtank, der mit Wasser gefüllt war.

Og der var den store sementtanken fylt med vann.

Hier nahmen die Jungs von Richter Miller ihr morgendliches Bad.

Her tok dommer Millers gutter sitt morgendukkert.

Und auch dort kühlten sie sich am heißen Nachmittag ab.

Og de kjølte seg ned der på den varme ettermiddagen også.

Und über dieses große Gebiet herrschte Buck über alles.

Og over dette store domenet var det Buck som hersket over det hele.

Buck wurde auf diesem Land geboren und lebte hier sein ganzes vierjähriges Leben.

Buck ble født på dette landet og bodde her alle sine fire år.

Es gab zwar noch andere Hunde, aber die spielten keine wirkliche Rolle.

Det fantes riktignok andre hunder, men de spilte egentlig ingen rolle.

An einem so riesigen Ort wie diesem wurden andere Hunde erwartet.

Andre hunder var ventet på et sted så stort som dette.

Diese Hunde kamen und gingen oder lebten in den geschäftigen Zwingern.

Disse hundene kom og gikk, eller bodde inne i de travle kennelene.

Manche Hunde lebten versteckt im Haus, wie Toots und Ysabel.

Noen hunder bodde gjemt i huset, slik som Toots og Ysabel gjorde.

Toots war ein japanischer Mops, Ysabel ein mexikanischer Nackthund.

Toots var en japansk mops, Ysabel en meksikansk hårløs hund.

Diese seltsamen Kreaturen verließen das Haus kaum.

Disse merkelige skapningene gikk sjelden utenfor huset.

Sie berührten weder den Boden noch schnüffelten sie draußen an der frischen Luft.

De berørte ikke bakken, og de luktet heller ikke på den åpne luften utenfor.

Außerdem gab es Foxterrier, mindestens zwanzig an der Zahl.

Det var også foxterrierene, minst tjue i antall.

Diese Terrier bellten Toots und Ysabel im Haus wild an.

Disse terrierene bjeffet heftig mot Toots og Ysabel innendørs.

Toots und Ysabel blieben hinter Fenstern, in Sicherheit.

Toots og Ysabel holdt seg bak vinduene, trygge for skader.

Sie wurden von Hausmädchen mit Besen und Wischmopps bewacht.

De ble voktet av hushjelper med koster og mopper.

Aber Buck war kein Haushund und auch kein Zwingerhund.

Men Buck var ingen hushund, og han var heller ingen kennelhund.

Das gesamte Anwesen gehörte Buck als seinem rechtmäßigen Reich.

Hele eiendommen tilhørte Buck som hans rettmessige rike.

Buck schwamm im Becken oder ging mit den Söhnen des Richters auf die Jagd.

Buck svømte i tanken eller dro på jakt med dommerens sønner.

Er ging in den frühen oder späten Morgenstunden mit Mollie und Alice spazieren.

Han gikk med Mollie og Alice i de tidlige eller sene timer.

In kalten Nächten lag er mit dem Richter vor dem Kaminfeuer der Bibliothek.

På kalde netter lå han foran peisen i biblioteket sammen med dommeren.

Buck ließ die Enkel des Richters auf seinem starken Rücken herumreiten.

Buck kjørte dommerens barnebarn på sin sterke rygg.

Er wälzte sich mit den Jungen im Gras und bewachte sie genau.

Han rullet seg i gresset sammen med guttene og voktet nøye over dem.

Sie wagten sich bis zum Brunnen und sogar an den Beerenfeldern vorbei.

De våget seg til fontenen og til og med forbi bæråkrene.

Unter den Foxterriern lief Buck immer mit königlichem Stolz.

Blant foxterrierene vandret Buck alltid med kongelig stolthet.

Er ignorierte Toots und Ysabel und behandelte sie, als wären sie Luft.

Han ignorerte Toots og Ysabel og behandlet dem som om de var luft.

Buck herrschte über alle Lebewesen auf Richter Millers Land.

Buck hersket over alle levende skapninger på dommer Millers land.

Er herrschte über Tiere, Insekten, Vögel und sogar Menschen

Han hersket over dyr, insekter, fugler og til og med mennesker.

Bucks Vater Elmo war ein großer und treuer Bernhardiner gewesen.

Bucks far Elmo hadde vært en stor og lojal sanktbernhardshund.

Elmo wich dem Richter nie von der Seite und diente ihm treu.

Elmo vek aldri fra dommerens side og tjente ham trofast.

Buck schien bereit, dem edlen Beispiel seines Vaters zu folgen.

Buck virket klar til å følge farens edle eksempel.

Buck war nicht ganz so groß und wog hundertvierzig Pfund.

Buck var ikke fullt så stor, og veide hundre og førti pund.

Seine Mutter Shep war eine schöne schottische Schäferhündin gewesen.

Moren hans, Shep, hadde vært en fin skotsk gjeterhund.

Aber selbst mit diesem Gewicht hatte Buck eine königliche Ausstrahlung.

Men selv med den vekten gikk Buck med kongelig tilstedeværelse.

Dies kam vom guten Essen und dem Respekt, der ihm immer entgegengebracht wurde.

Dette kom fra god mat og den respekten han alltid fikk.

Vier Jahre lang hatte Buck wie ein verwöhnter Adliger gelebt.

I fire år hadde Buck levd som en bortskjemt adelsmann.

Er war stolz auf sich und sogar ein wenig egoistisch.

Han var stolt av seg selv, og til og med litt egoistisk.

Diese Art von Stolz war bei den Herren abgelegener Landstriche weit verbreitet.

Den slags stolthet var vanlig blant avsidesliggende landsherrer.

Doch Buck hat es vermieden, ein verwöhnter Haushund zu werden.

Men Buck reddet seg fra å bli en bortskjemt hushund.

Durch die Jagd und das Training blieb er schlank und stark.

Han holdt seg slank og sterk gjennom jakt og mosjon.

Er liebte Wasser zutiefst, wie Menschen, die in kalten Seen baden.

Han elsket vann dypt, som folk som bader i kalde innsjøer.

Diese Liebe zum Wasser hielt Buck stark und sehr gesund.

Denne kjærligheten til vann holdt Buck sterk og veldig sunn.

Dies war der Hund, zu dem Buck im Herbst 1897 geworden war.

Dette var hunden Buck hadde blitt høsten 1897.

Als der Klondike-Angriff die Menschen in den eisigen Norden trieb.

Da Klondike-angrepet trakk menn til det frosne nord.

Menschen aus aller Welt strömten in das kalte Land.

Folk strømmet fra hele verden inn i det kalde landet.

Buck las jedoch weder die Zeitungen noch verstand er Nachrichten.

Buck leste imidlertid ikke avisene, og forsto heller ikke nyheter.

Er wusste nicht, dass es nicht gut war, Zeit mit Manuel zu verbringen.

Han visste ikke at Manuel var en dårlig mann å være sammen med.

Manuel, der im Garten half, hatte ein großes Problem.

Manuel, som hjalp til i hagen, hadde et alvorlig problem.

Manuel war spielsüchtig nach der chinesischen Lotterie.

Manuel var avhengig av pengespill i det kinesiske lotteriet.

Er glaubte auch fest an ein festes System zum Gewinnen.

Han trodde også sterkt på et fast system for å vinne.

Dieser Glaube machte sein Scheitern sicher und unvermeidlich.

Den troen gjorde hans fiasko sikker og uunngåelig.

Um ein System zu spielen, braucht man Geld, und das fehlte Manuel.

Å spille et system krever penger, noe Manuel manglet.

Sein Gehalt reichte kaum zum Überleben seiner Frau und seiner vielen Kinder.

Lønnen hans forsørget knapt kona og de mange barna hans.

In der Nacht, in der Manuel Buck verriet, war alles normal.

Den natten Manuel forrådte Buck, var ting normalt.

Der Richter war bei einem Treffen der Rosinenanbauervereinigung.

Dommeren var på et møte i rosindyrkerforeningen.

Die Söhne des Richters waren damals damit beschäftigt, einen Sportverein zu gründen.

Dommerens sønner var travelt opptatt med å danne en idrettsklubb den gang.

Niemand sah, wie Manuel und Buck durch den Obstgarten gingen.

Ingen så Manuel og Buck gå gjennom frukthagen.

Buck dachte, dieser Spaziergang sei nur ein einfacher nächtlicher Spaziergang.

Buck trodde denne turen bare var en enkel nattlig spasertur.

Sie trafen nur einen Mann an der Flaggenstation im College Park.
De møtte bare én mann på flaggstasjonen i College Park.
Dieser Mann sprach mit Manuel und sie tauschten Geld aus.
Mannen snakket med Manuel, og de vekslet penger.
„Verpacken Sie die Waren, bevor Sie sie ausliefern", schlug er vor
«Pakk inn varene før du leverer dem», foreslo han.
Die Stimme des Mannes war rau und ungeduldig, als er sprach.
Mannens stemme var ru og utålmodig mens han snakket.
Manuel band Buck vorsichtig ein dickes Seil um den Hals.
Manuel bandt forsiktig et tykt tau rundt Bucks hals.
„Verdreh das Seil, und du wirst ihn gründlich erwürgen"
«Vri tauet, så kveler du ham kraftig»
Der Fremde gab ein Grunzen von sich und zeigte damit, dass er gut verstanden hatte.
Den fremmede gryntet, noe som viste at han forsto godt.
Buck nahm das Seil an diesem Tag mit ruhiger und stiller Würde an.
Buck tok imot tauet med rolig og stille verdighet den dagen.
Es war eine ungewöhnliche Tat, aber Buck vertraute den Männern, die er kannte.
Det var en uvanlig handling, men Buck stolte på mennene han kjente.
Er glaubte, dass ihre Weisheit weit über sein eigenes Denken hinausging.
Han mente at visdommen deres gikk langt utover hans egen tenkning.
Doch dann wurde das Seil in die Hände des Fremden gegeben
Men så ble tauet gitt til den fremmedes hender.
Buck stieß ein leises, warnendes und zugleich bedrohliches Knurren aus.
Buck knurret lavt som advarte med en stille trussel.
Er war stolz und gebieterisch und wollte seinen Unmut zum Ausdruck bringen.

Han var stolt og kommanderende, og hadde til hensikt å vise sin misnøye.

Buck glaubte, seine Warnung würde als Befehl verstanden werden.

Buck trodde advarselen hans ville bli oppfattet som en ordre.

Zu seinem Entsetzen zog sich das Seil schnell um seinen dicken Hals zusammen.

Til hans sjokk strammet tauet seg hardt rundt den tykke halsen hans.

Ihm blieb die Luft weg und er begann in plötzlicher Wut zu kämpfen.

Luften hans ble kuttet ut, og han begynte å slåss i et plutselig raseri.

Er sprang auf den Mann zu, der Buck schnell mitten in der Luft traf.

Han sprang mot mannen, som raskt møtte Buck i luften.

Der Mann packte Buck am Hals und drehte ihn geschickt in der Luft.

Mannen grep tak i Bucks hals og vred ham dyktig opp i luften.

Buck wurde hart zu Boden geworfen und landete flach auf dem Rücken.

Buck ble kastet hardt ned og landet flatt på ryggen.

Das Seil würgte ihn nun grausam, während er wild um sich trat.

Tauet kvalte ham nå grusomt mens han sparket vilt.

Seine Zunge fiel heraus, seine Brust hob und senkte sich, doch er bekam keine Luft.

Tungen hans falt ut, brystet hevet seg, men han fikk ikke puste.

Noch nie in seinem Leben war er mit solcher Gewalt behandelt worden.

Han hadde aldri blitt behandlet med slik vold i sitt liv.

Auch war er noch nie zuvor von solch tiefer Wut erfüllt gewesen.

Han hadde heller aldri vært fylt med et så dypt raseri før.

Doch Bucks Kraft schwand und seine Augen wurden glasig.

Men Bucks kraft sviktet, og øynene hans ble glassaktige.

Er wurde ohnmächtig, als in der Nähe ein Zug angehalten wurde.

Han besvimte akkurat idet et tog stoppet i nærheten.

Dann warfen ihn die beiden Männer schnell in den Gepäckwagen.

Så kastet de to mennene ham raskt inn i bagasjevognen.

Das nächste, was Buck spürte, war ein Schmerz in seiner geschwollenen Zunge.

Det neste Buck kjente var en smerte i den hovne tungen.

Er bewegte sich in einem wackelnden Wagen und war nur schwach bei Bewusstsein.

Han beveget seg i en skjelvende vogn, bare svakt bevisst.

Das schrille Pfeifen eines Zuges verriet Buck seinen Standort.

Det skarpe skriket fra en togfløyte fortalte Buck hvor han var.

Er war oft mit dem Richter mitgefahren und kannte das Gefühl.

Han hadde ofte ridd med dommeren og kjente følelsen.

Es war der einzigartige Schock, wieder in einem Gepäckwagen zu reisen.

Det var det unike sjokket å reise i bagasjevogn igjen.

Buck öffnete die Augen und sein Blick brannte vor Wut.

Buck åpnet øynene, og blikket hans brant av raseri.

Dies war der Zorn eines stolzen Königs, der vom Thron gejagt wurde.

Dette var vreden til en stolt konge som ble tatt fra tronen.

Ein Mann wollte ihn packen, doch stattdessen schlug Buck zuerst zu.

En mann rakte ut for å gripe ham, men Buck slo til først i stedet.

Er versenkte seine Zähne in der Hand des Mannes und hielt sie fest.

Han bet tennene i mannens hånd og holdt den hardt.

Er ließ nicht los, bis er ein zweites Mal ohnmächtig wurde.

Han slapp ikke taket før han besvimte for andre gang.

„Ja, hat Anfälle", murmelte der Mann dem Gepäckträger zu.

«Ja, får anfall», mumlet mannen til bagasjemannen.

Der Gepäckträger hatte den Kampf gehört und war näher gekommen.

Bagasjemannen hadde hørt kampen og kom nærmere.

„Ich bringe ihn für den Chef nach Frisco", erklärte der Mann.

«Jeg tar ham med til 'Frisco for sjefen», forklarte mannen.

„Dort gibt es einen tollen Hundearzt, der sagt, er könne sie heilen."

«Det er en dyktig hundedoktor der som sier han kan kurere dem.»

Später in der Nacht gab der Mann seinen eigenen ausführlichen Bericht ab.

Senere den kvelden ga mannen sin egen fullstendige beretning.

Er sprach aus einem Schuppen hinter einem Saloon am Hafen.

Han snakket fra et skur bak en saloon på kaia.

„Ich habe nur fünfzig Dollar bekommen", beschwerte er sich beim Wirt.

«Alt jeg fikk var femti dollar», klaget han til saloonmannen.

„Ich würde es nicht noch einmal tun, nicht einmal für tausend Dollar in bar."

«Jeg ville ikke gjort det igjen, ikke engang for tusen i kontanter.»

Seine rechte Hand war fest in ein blutiges Tuch gewickelt.

Høyrehånden hans var tett pakket inn i et blodig klede.

Sein Hosenbein war vom Knie bis zum Fuß weit aufgerissen.

Buksebeinet hans var vidt revet opp fra kne til tå.

„Wie viel hat der andere Trottel verdient?", fragte der Wirt.

«Hvor mye fikk den andre kruset betalt?» spurte saloonmannen.

„Hundert", antwortete der Mann, „einen Cent weniger würde er nicht nehmen."

«Hundre,» svarte mannen, «han ville ikke tatt en krone mindre.»

„Das macht hundertfünfzig", sagte der Kneipenmann.

«Det blir hundre og femti», sa saloonmannen.

„Und er ist das alles wert, sonst bin ich nicht besser als ein Dummkopf."

«Og han er verdt alt, ellers er jeg ikke bedre enn en dust.»

Der Mann öffnete die Verpackung, um seine Hand zu untersuchen.

Mannen åpnet innpakningen for å undersøke hånden sin.

Die Hand war stark zerrissen und mit getrocknetem Blut verkrustet.

Hånden var stygt revet og dekket av tørket blod.

„Wenn ich keine Tollwut bekomme …", begann er zu sagen.

«Hvis jeg ikke får hydrofobien …» begynte han å si.

„Das liegt wohl daran, dass du zum Hängen geboren wurdest", ertönte ein Lachen.

«Det er fordi du er født til å henge», kom det en latter.

„Komm und hilf mir, bevor du gehst", wurde er gebeten.

«Kom og hjelp meg før du drar», ble han spurt.

Buck war von den Schmerzen in seiner Zunge und seinem Hals benommen.

Buck var i en døs av smertene i tungen og halsen.

Er war halb erwürgt und konnte kaum noch aufrecht stehen.

Han var halvkvalt, og kunne knapt stå oppreist.

Dennoch versuchte Buck, den Männern gegenüberzutreten, die ihm so viel Leid zugefügt hatten.

Likevel prøvde Buck å møte mennene som hadde såret ham så mye.

Aber sie warfen ihn nieder und würgten ihn erneut.

Men de kastet ham ned og kvalte ham igjen.

Erst dann konnten sie sein schweres Messinghalsband absägen.

Først da kunne de sage av den tunge messingkragen hans.

Sie entfernten das Seil und stießen ihn in eine Kiste.

De fjernet tauet og dyttet ham inn i en kasse.

Die Kiste war klein und hatte die Form eines groben Eisenkäfigs.

Kassen var liten og formet som et grovt jernbur.

Buck lag die ganze Nacht dort, voller Zorn und verletztem Stolz.

Buck lå der hele natten, fylt av vrede og såret stolthet.

Er konnte nicht einmal ansatzweise verstehen, was mit ihm geschah.

Han klarte ikke å begynne å forstå hva som skjedde med ham.

Warum hielten ihn diese fremden Männer in dieser kleinen Kiste fest?

Hvorfor holdt disse merkelige mennene ham i denne lille kassen?

Was wollten sie von ihm und warum diese grausame Gefangenschaft?

Hva ville de med ham, og hvorfor dette grusomme fangenskapet?

Er spürte einen dunklen Druck, das Gefühl, dass das Unglück näher rückte.

Han følte et mørkt press; en følelse av at katastrofen kom nærmere.

Es war eine vage Angst, die ihn jedoch schwer belastete.

Det var en vag frykt, men den tynget ham dypt.

Mehrmals sprang er auf, als die Schuppentür klapperte.

Flere ganger hoppet han opp da skurdøren raslet.

Er erwartete, dass der Richter oder die Jungen erscheinen und ihn retten würden.

Han forventet at dommeren eller guttene skulle dukke opp og redde ham.

Doch jedes Mal lugte nur das dicke Gesicht des Wirts hinein.

Men bare saloonholderens fete ansikt tittet inn hver gang.

Das Gesicht des Mannes wurde vom schwachen Schein einer Talgkerze erhellt.

Mannens ansikt var opplyst av det svake lyset fra et talglys.

Jedes Mal verwandelte sich Bucks freudiges Bellen in ein leises, wütendes Knurren.

Hver gang forandret Bucks gledesfylte bjeff seg til en lav, sint knurr.

Der Wirt ließ ihn für die Nacht allein in der Kiste zurück

Saloon-eieren lot ham være alene i buret for natten

Aber als er am Morgen aufwachte, kamen noch mehr Männer.

Men da han våknet om morgenen, kom det flere menn.

Vier Männer kamen und hoben die Kiste vorsichtig und wortlos auf.

Fire menn kom og plukket forsiktig opp kassen uten et ord.

Buck wusste sofort, in welcher Situation er sich befand.

Buck forsto med en gang hvilken situasjon han befant seg i.

Sie waren weitere Peiniger, die er bekämpfen und fürchten musste.

De var ytterligere plageånder som han måtte kjempe mot og frykte.

Diese Männer sahen böse, zerlumpt und sehr ungepflegt aus.

Disse mennene så onde, fillete og svært dårlig stelt ut.

Buck knurrte und stürzte sich wild durch die Gitterstäbe auf sie.

Buck glefset og kastet seg voldsomt mot dem gjennom sprinklene.

Sie lachten nur und stießen mit langen Holzstöcken nach ihm.

De bare lo og stakk til ham med lange trepinner.

Buck biss in die Stöcke, dann wurde ihm klar, dass es das war, was ihnen gefiel.

Buck bet i pinnene, men innså at det var det de likte.

Also legte er sich ruhig hin, mürrisch und vor stiller Wut brennend.

Så la han seg stille ned, mutt og brennende av stille raseri.

Sie hoben die Kiste auf einen Wagen und fuhren mit ihm weg.

De løftet kassen opp i en vogn og kjørte av gårde med ham.

Die Kiste mit Buck darin wechselte oft den Besitzer.

Kassen, med Buck låst inni, skiftet hender ofte.

Express-Büroangestellte übernahmen die Leitung und kümmerten sich kurz um ihn.

Ekspresskontormedarbeidere tok ansvar og håndterte ham kort.

Dann transportierte ein anderer Wagen Buck durch die laute Stadt.

Så bar en annen vogn Buck gjennom den støyende byen.

Ein Lastwagen brachte ihn mit Kisten und Paketen auf eine Fähre.

En lastebil tok ham med esker og pakker om bord på en ferge.

Nach der Überquerung lud ihn der Lastwagen an einem Bahndepot ab.

Etter å ha krysset, losset lastebilen ham av på en jernbanestasjon.

Schließlich wurde Buck in einen wartenden Expresswagen gesetzt.

Til slutt ble Buck plassert i en ventende ekspressvogn.

Zwei Tage und Nächte lang zogen Züge den Schnellzug ab.

I to dager og netter trakk tog ekspressvognen bort.

Buck hat während der gesamten schmerzhaften Reise weder gegessen noch getrunken.

Buck verken spiste eller drakk under hele den smertefulle reisen.

Als die Expressboten versuchten, sich ihm zu nähern, knurrte er.

Da ekspressbudene prøvde å nærme seg ham, knurret han.

Sie reagierten, indem sie ihn verspotteten und grausam hänselten.

De svarte med å håne ham og erte ham grusomt.

Buck warf sich schäumend und zitternd gegen die Gitterstäbe

Buck kastet seg mot barene, skummet og skalv

Sie lachten laut und verspotteten ihn wie Schulhofschläger.

De lo høyt og hånet ham som skolegårdsbønnerne.

Sie bellten wie falsche Hunde und wedelten mit den Armen.

De bjeffet som falske hunder og flakset med armene.

Sie krähten sogar wie Hähne, nur um ihn noch mehr aufzuregen.

De gol til og med som haner bare for å gjøre ham enda mer
opprørt.

**Es war dummes Verhalten und Buck wusste, dass es
lächerlich war.**

Det var tåpelig oppførsel, og Buck visste at det var latterlig.

Doch das verstärkte seine Empörung und Scham nur noch.

Men det forsterket bare følelsen av forargelse og skam hans.

Der Hunger plagte ihn während der Reise kaum.

Han var ikke særlig plaget av sult under turen.

**Doch der Durst brachte starke Schmerzen und
unerträgliches Leiden mit sich.**

Men tørsten medførte skarp smerte og uutholdelig lidelse.

**Sein trockener, entzündeter Hals und seine Zunge brannten
vor Hitze.**

Den tørre, betente halsen og tungen hans brant av varme.

**Dieser Schmerz schürte das Fieber, das in seinem stolzen
Körper aufstieg.**

Denne smerten næret feberen som steg i den stolte kroppen
hans.

**Buck war während dieses Prozesses für eine einzige Sache
dankbar.**

Buck var takknemlig for én ting under denne rettssaken.

Das Seil um seinen dicken Hals war entfernt worden.

Tauet var blitt fjernet fra den tykke halsen hans.

**Das Seil hatte diesen Männern einen unfairen und
grausamen Vorteil verschafft.**

Tauet hadde gitt disse mennene en urettferdig og grusom
fordel.

**Jetzt war das Seil weg und Buck schwor, dass es nie wieder
zurückkommen würde.**

Nå var tauet borte, og Buck sverget på at det aldri ville
komme tilbake.

**Er beschloss, sich nie wieder ein Seil um den Hals legen zu
lassen.**

Han bestemte seg for at ingen tau noen gang skulle gå rundt
halsen hans igjen.

Zwei lange Tage und Nächte litt er ohne Essen.

I to lange dager og netter led han uten mat.

Und in diesen Stunden baute sich in ihm eine enorme Wut auf.

Og i disse timene bygde han opp et enormt raseri inni seg.

Seine Augen wurden vor ständiger Wut blutunterlaufen und wild.

Øynene hans ble blodsprengte og ville av konstant sinne.

Er war nicht mehr Buck, sondern ein Dämon mit schnappenden Kiefern.

Han var ikke lenger Buck, men en demon med knakende kjever.

Nicht einmal der Richter hätte dieses verrückte Wesen erkannt.

Selv dommeren ville ikke ha kjent denne gale skapningen.

Die Expressboten atmeten erleichtert auf, als sie Seattle erreichten

Ekspressbudene sukket lettet da de nådde Seattle

Vier Männer hoben die Kiste hoch und brachten sie in einen Hinterhof.

Fire menn løftet kassen og bar den til en bakgård.

Der Hof war klein und von hohen, massiven Mauern umgeben.

Gårdsplassen var liten, omgitt av høye og solide murer.

Ein großer Mann in einem ausgeleierten roten Pullover kam heraus.

En stor mann steg ut i en hengende rød genserskjorte.

Mit dicker, kühner Handschrift unterschrieb er das Lieferbuch.

Han signerte leveringsboken med tykk og dristig håndskrift.

Buck spürte sofort, dass dieser Mann sein nächster Peiniger war.

Buck ante med en gang at denne mannen var hans neste plageånd.

Er stürzte sich heftig auf die Gitterstäbe, die Augen rot vor Wut.

Han kastet seg voldsomt mot stengene, med røde øyne av raseri.

Der Mann lächelte nur finster und holte ein Beil.

Mannen smilte bare dystert og gikk for å hente en øks.

Er brachte auch eine Keule in seiner dicken und starken rechten Hand mit.

Han hadde også med seg en kølle i sin tykke og sterke høyre hånd.

„Wollen Sie ihn jetzt rausholen?", fragte der Fahrer besorgt.

«Skal du kjøre ham ut nå?» spurte sjåføren bekymret.

„Sicher", sagte der Mann und rammte das Beil als Hebel in die Kiste.

«Jada,» sa mannen og presset øksen inn i kassen som en spak.

Die vier Männer stoben sofort auseinander und sprangen auf die Hofmauer.

De fire mennene spredte seg øyeblikkelig og hoppet opp på gårdsmuren.

Von ihren sicheren Plätzen oben warteten sie, um das Spektakel zu beobachten.

Fra sine trygge plasser ovenfra ventet de på å se på skuet.

Buck stürzte sich auf das zersplitterte Holz, biss und zitterte heftig.

Buck kastet seg mot det splintrede treverket, bet og skalv voldsomt.

Jedes Mal, wenn die Axt den Käfig traf, war Buck da, um ihn anzugreifen.

Hver gang øksen traff buret), var Buck der for å angripe den.

Er knurrte und schnappte vor wilder Wut und wollte unbedingt freigelassen werden.

Han knurret og glefset av vilt raseri, ivrig etter å bli satt fri.

Der Mann draußen war ruhig und gelassen und konzentrierte sich auf seine Aufgabe.

Mannen utenfor var rolig og stødig, opptatt av oppgaven sin.

„Also gut, du rotäugiger Teufel", sagte er, als das Loch groß war.

«Akkurat da, din rødøyde djevel», sa han da hullet var stort.

Er ließ das Beil fallen und nahm die Keule in die rechte Hand.

Han slapp stridsøksen og tok køllen i høyre hånd.

Buck sah wirklich aus wie ein Teufel; seine Augen blutunterlaufen und lodernd.

Buck så virkelig ut som en djevel; øynene var blodsprengte og flammende.

Sein Fell sträubte sich, Schaum stand ihm vor dem Mund, seine Augen funkelten.

Pelsen hans strittet, skum skummet rundt munnen, og øynene glitret.

Er spannte seine Muskeln an und sprang direkt auf den roten Pullover zu.

Han spente musklene og hoppet rett på den røde genseren.

Hundertvierzig Pfund Wut prasselten auf den ruhigen Mann zu.

Hundre og førti kilo raseri fløy mot den rolige mannen.

Kurz bevor er die Zähne zusammenbiss, traf ihn ein schrecklicher Schlag.

Rett før kjevene hans klemte seg igjen, traff et forferdelig slag ham.

Seine Zähne schnappten zusammen, nur Luft war im Spiel.

Tennene hans knakk sammen på ingenting annet enn luft

ein Schmerz durchfuhr seinen Körper

et smertestøt gjallet gjennom kroppen hans

Er machte einen Überschlag in der Luft und stürzte auf dem Rücken und der Seite zu Boden.

Han snudde seg midt i luften og falt ned på ryggen og siden.

Er hatte noch nie zuvor einen Knüppelschlag gespürt und konnte ihn nicht begreifen.

Han hadde aldri før følt et slag fra en kølle og kunne ikke gripe det.

Mit einem kreischenden Knurren, das teils Bellen, teils Schreien war, sprang er erneut.

Med et skrikende knurr, delvis bjeffing, delvis skrik, hoppet han igjen.

Ein weiterer brutaler Schlag traf ihn und schleuderte ihn zu Boden.

Nok et brutalt slag traff ham og kastet ham i bakken.

Diesmal verstand Buck – es war die schwere Keule des Mannes.

Denne gangen forsto Buck – det var mannens tunge kølle.

Doch die Wut machte ihn blind, und an einen Rückzug dachte er nicht.

Men raseriet blindet ham, og han tenkte ikke på å trekke seg tilbake.

Zwölfmal stürzte er sich in die Luft, und zwölfmal fiel er.

Tolv ganger kastet han seg, og tolv ganger falt han.

Der Holzknüppel traf ihn jedes Mal mit unbarmherziger, vernichtender Kraft.

Trekøllen knuste ham hver gang med hensynsløs, knusende kraft.

Nach einem heftigen Schlag kam er benommen und langsam wieder auf die Beine.

Etter et voldsomt slag vaklet han opp på beina, forvirret og langsom.

Blut lief aus seinem Mund, seiner Nase und sogar seinen Ohren.

Blod rant fra munnen, nesen og til og med ørene hans.

Sein einst so schönes Fell war mit blutigem Schaum verschmiert.

Den en gang så vakre kåpen hans var tilsmusset av blodig skum.

Dann trat der Mann vor und versetzte ihm einen heftigen Schlag auf die Nase.

Så steg mannen frem og slo ham hardt mot nesen.

Die Qualen waren schlimmer als alles, was Buck je gespürt hatte.

Smerten var skarpere enn noe Buck noen gang hadde følt.

Mit einem Brüllen, das eher an ein Tier als an einen Hund erinnerte, sprang er erneut zum Angriff.

Med et brøl, mer et dyr enn en hund, sprang han igjen for å angripe.

Doch der Mann packte seinen Unterkiefer und drehte ihn nach hinten.

Men mannen grep tak i underkjeven hans og vred den bakover.

Buck überschlug sich kopfüber und stürzte erneut hart auf den Boden.

Buck snudde seg pladask og braste hardt ned igjen.

Ein letztes Mal stürmte Buck auf ihn zu, jetzt konnte er kaum noch stehen.

En siste gang stormet Buck mot ham, nå knapt i stand til å stå på egne ben.

Der Mann schlug mit perfektem Timing zu und versetzte den letzten Schlag.

Mannen slo til med ekspert timing og ga det siste slaget.

Buck brach bewusstlos und regungslos zusammen.

Buck kollapset i en haug, bevisstløs og ubevegelig.

„Er ist kein Stümper im Hundezähmen, das sage ich", rief ein Mann.

«Han er ikke svak til å knekke hund, det er det jeg sier», ropte en mann.

„Druther kann den Willen eines Hundes an jedem Tag der Woche brechen."

«Druther kan knekke en hunds vilje hvilken som helst dag i uken.»

„Und zweimal an einem Sonntag!", fügte der Fahrer hinzu.

«Og to ganger på en søndag!» la sjåføren til.

Er stieg in den Wagen und ließ die Zügel knacken, um loszufahren.

Han klatret opp i vognen og brøt i tømmene for å dra.

Buck erlangte langsam die Kontrolle über sein Bewusstsein zurück

Buck gjenvant sakte kontroll over bevisstheten sin

aber sein Körper war noch zu schwach und gebrochen, um sich zu bewegen.

men kroppen hans var fortsatt for svak og brukket til å bevege seg.

Er blieb liegen, wo er hingefallen war, und beobachtete den Mann im roten Pullover.

Han lå der han hadde falt og så på mannen i den rødgenseren.

„Er hört auf den Namen Buck", sagte der Mann und las laut vor.

«Han svarer på navnet Buck», sa mannen mens han leste høyt.

Er zitierte aus der Notiz und den Einzelheiten, die mit Bucks Kiste geschickt wurden.

Han siterte fra brevet som ble sendt med Bucks kasse og detaljer.

„Also, Buck, mein Junge", fuhr der Mann freundlich fort,

«Vel, Buck, gutten min», fortsatte mannen med en vennlig tone,

„Wir hatten unseren kleinen Streit, und jetzt ist es zwischen uns vorbei."

«Vi har hatt vår lille krangel, og nå er det over mellom oss.»

„Sie haben Ihren Platz kennengelernt und ich habe meinen kennengelernt", fügte er hinzu.

«Du har lært din plass, og jeg har lært min», la han til.

„Sei brav, dann wird alles gut und das Leben wird angenehm sein."

«Vær snill, så går alt bra, og livet blir behagelig.»

„Aber wenn du böse bist, schlage ich dir die Seele aus dem Leib, verstanden?"

«Men vær slem, så banker jeg deg i hjel, forstått?»

Während er sprach, streckte er die Hand aus und tätschelte Bucks schmerzenden Kopf.

Mens han snakket, rakte han ut hånden og klappet Buck på det såre hodet.

Bucks Haare stellten sich bei der Berührung des Mannes auf, aber er wehrte sich nicht.

Bucks hår reiste seg ved mannens berøring, men han gjorde ikke motstand.

Der Mann brachte ihm Wasser, das Buck in großen Schlucken trank.

Mannen kom med vann til ham, som Buck drakk i store slurker.

Dann kam rohes Fleisch, das Buck Stück für Stück verschlang.

Så kom rått kjøtt, som Buck slukte bit for bit.

Er wusste, dass er geschlagen war, aber er wusste auch, dass er nicht gebrochen war.

Han visste at han var slått, men han visste også at han ikke var brukket.

Gegen einen mit einer Keule bewaffneten Mann hatte er keine Chance.

Han hadde ingen sjanse mot en mann bevæpnet med en kølle.

Er hatte die Wahrheit erfahren und diese Lektion nie vergessen.

Han hadde lært sannheten, og han glemte aldri den lærdommen.

Diese Waffe war der Beginn des Gesetzes in Bucks neuer Welt.

Det våpenet var begynnelsen på loven i Bucks nye verden.

Es war der Beginn einer harten, primitiven Ordnung, die er nicht leugnen konnte.

Det var starten på en hard, primitiv orden han ikke kunne fornekte.

Er akzeptierte die Wahrheit; seine wilden Instinkte waren nun erwacht.

Han aksepterte sannheten; hans ville instinkter var nå våkne.

Die Welt war härter geworden, aber Buck stellte sich ihr tapfer.

Verden hadde blitt hardere, men Buck møtte det tappert.

Er begegnete dem Leben mit neuer Vorsicht, List und stiller Stärke.

Han møtte livet med ny forsiktighet, list og stille styrke.

Weitere Hunde kamen an, an Seilen oder in Kisten festgebunden, so wie Buck.

Flere hunder ankom, bundet i tau eller bur slik som Buck hadde vært.

Einige Hunde kamen ruhig, andere tobten und kämpften wie wilde Tiere.

Noen hunder kom rolig, andre raste og sloss som ville dyr.

Sie alle wurden der Herrschaft des Mannes im roten Pullover unterworfen.

Alle ble brakt under den rødgenserkledde mannens styre.

Jedes Mal sah Buck zu und sah, wie sich ihm die gleiche Lektion erschloss.

Hver gang så Buck på og så den samme lærdommen utfolde seg.

Der Mann mit der Keule war das Gesetz, ein Herr, dem man gehorchen musste.

Mannen med køllen var loven; en mester som skulle adlydes.

Er musste nicht gemocht werden, aber man musste ihm gehorchen.

Han trengte ikke å bli likt, men han måtte bli adlydt.

Buck schmeichelte oder wedelte nie mit dem Schwanz, wie es die schwächeren Hunde taten.

Buck aldri krypet eller logret slik som de svakere hundene gjorde.

Er sah Hunde, die geschlagen wurden und trotzdem die Hand des Mannes leckten.

Han så hunder som var slått og som fortsatt slikket mannens hånd.

Er sah einen Hund, der überhaupt nicht gehorchte oder sich unterwarf.

Han så én hund som verken ville adlyde eller bøye seg i det hele tatt.

Dieser Hund kämpfte, bis er im Kampf um die Kontrolle getötet wurde.

Den hunden kjempet til den ble drept i kampen om kontroll.

Manchmal kamen Fremde, um den Mann im roten Pullover zu sehen.

Fremmede kom noen ganger for å se mannen i rødgenseren.

Sie sprachen in seltsamem Ton, flehten, feilschten und lachten.

De snakket i en merkelig tone, tryglet, prutet og lo.

Als das Geld ausgetauscht wurde, gingen sie mit einem oder mehreren Hunden.

Da penger ble vekslet, dro de av gårde med én eller flere hunder.

Buck fragte sich, wohin diese Hunde gingen, denn keiner kam jemals zurück.

Buck lurte på hvor disse hundene ble av, for ingen kom noen gang tilbake.

Angst vor dem Unbekannten erfüllte Buck jedes Mal, wenn ein fremder Mann kam

frykten for det ukjente fylte Buck hver gang en fremmed mann kom

Er war jedes Mal froh, wenn ein anderer Hund mitgenommen wurde und nicht er selbst.

Han var glad hver gang en annen hund ble tatt, i stedet for ham selv.

Doch schließlich kam Buck an die Reihe, als ein fremder Mann eintraf.

Men endelig kom Bucks tur med ankomsten av en fremmed mann.

Er war klein, drahtig und sprach gebrochenes Englisch und fluchte.

Han var liten, senete og snakket gebrokken engelsk og bannet.

„Heilig!", schrie er, als er Bucks Gestalt erblickte.

«Sacredam!» ropte han da han la øynene på Bucks kropp.

„Das ist aber ein verdammter Rüpel! Wie viel?", fragte er laut.

«Det er en forbanna bøllehund! Eh? Hvor mye?» spurte han høyt.

„Dreihundert, und für diesen Preis ist er ein Geschenk."

«Tre hundre, og han er en gave til den prisen»

„Da es sich um staatliche Gelder handelt, sollten Sie sich nicht beschweren, Perrault."

«Siden det er penger fra staten, burde du ikke klage, Perrault.»

Perrault grinste über den Deal, den er gerade mit dem Mann gemacht hatte.

Perrault smilte bredt av å høre avtalen han nettopp hadde inngått med mannen.

Aufgrund der plötzlichen Nachfrage waren die Preise für Hunde in die Höhe geschossen.

Prisen på hunder hadde steget kraftig på grunn av den plutselige etterspørselen.

Dreihundert Dollar waren für so ein tolles Tier nicht unfair.

Tre hundre dollar var ikke urettferdig for et så fint dyr.

Die kanadische Regierung würde bei dem Abkommen nichts verlieren

Den kanadiske regjeringen ville ikke tape noe på avtalen

Auch ihre offiziellen Depeschen würden während des Transports nicht verzögert.

Heller ikke ville deres offisielle forsendelser bli forsinket underveis.

Perrault kannte sich gut mit Hunden aus und erkannte, dass Buck etwas Seltenes war.

Perrault kjente hunder godt, og kunne se at Buck var noe sjeldent.

„Einer von zehntausend", dachte er, als er Bucks Körperbau betrachtete.

«Én av ti titusen,» tenkte han, mens han studerte Bucks kroppsbygning.

Buck sah, wie das Geld den Besitzer wechselte, zeigte sich jedoch nicht überrascht.

Buck så pengene skifte hender, men viste ingen overraskelse.

Bald wurden er und Curly, ein sanfter Neufundländer, weggeführt.

Snart ble han og Krøllete, en snill newfoundlander, ført bort.

Sie folgten dem kleinen Mann aus dem Hof des roten Pullovers.

De fulgte den lille mannen fra den røde genserens hage.

Das war das letzte Mal, dass Buck den Mann mit der Holzkeule sah.

Det var det siste Buck noensinne så til mannen med trekjøllen.

Vom Deck der Narwhal aus beobachtete er, wie Seattle in der Ferne verschwand.

Fra Narhvalens dekk så han Seattle forsvinne i det fjerne.

Es war auch das letzte Mal, dass er das warme Südland sah.

Det var også siste gang han noensinne så det varme Sørlandet.

Perrault brachte sie unter Deck und ließ sie bei François zurück.

Perrault tok dem med under dekk og etterlot dem hos François.

François war ein Riese mit schwarzem Gesicht und rauen, schwieligen Händen.

François var en svartansiktet kjempe med grove, hardhudede hender.

Er war dunkelhäutig und hatte eine dunkle Hautfarbe, ein französisch-kanadischer Mischling.

Han var mørk og lubne; en halvblods fransk-kanadisk mann.

Für Buck waren diese Männer von einer Art, die er noch nie zuvor gesehen hatte.

For Buck var disse mennene av et slag han aldri hadde sett før.

Er würde in den kommenden Tagen viele solcher Männer kennenlernen.

Han ville bli kjent med mange slike menn i dagene som kom.

Er konnte sie zwar nicht lieb gewinnen, aber er begann, sie zu respektieren.

Han ble ikke glad i dem, men han lærte å respektere dem.

Sie waren fair und weise und ließen sich von keinem Hund so leicht täuschen.

De var rettferdige og kloke, og lot seg ikke lure av noen hund.

Sie beurteilten Hunde ruhig und bestraften sie nur, wenn es angebracht war.

De dømte hunder rolig, og straffet bare når de var fortjent.

Im Unterdeck der Narwhal trafen Buck und Curly zwei Hunde.

På Narhvalens nedre dekk møtte Buck og Krøllete to hunder.

Einer war ein großer weißer Hund aus dem fernen, eisigen Spitzbergen.

Den ene var en stor hvit hund fra det fjerne, iskalde Spitsbergen.

Er war einmal mit einem Walfänger gesegelt und hatte sich einer Erkundungsgruppe angeschlossen.

Han hadde en gang seilt med en hvalfangstmann og blitt med i en kartleggingsgruppe.

Er war auf eine schlaue, hinterhältige und listige Art freundlich.

Han var vennlig på en slu, underhånds og utspekulert måte.

Bei ihrer ersten Mahlzeit stahl er ein Stück Fleisch aus Bucks Pfanne.

Ved deres første måltid stjal han et stykke kjøtt fra Bucks panne.

Buck sprang, um ihn zu bestrafen, aber François' Peitsche schlug zuerst zu.

Buck hoppet for å straffe ham, men François' pisk traff først.

Der weiße Dieb schrie auf und Buck holte sich den gestohlenen Knochen zurück.

Den hvite tyven hylte, og Buck tok tilbake det stjålne beinet.

Diese Fairness beeindruckte Buck und François verdiente sich seinen Respekt.

Den rettferdigheten imponerte Buck, og François fortjente hans respekt.

Der andere Hund grüßte nicht und wollte auch nichts zurück.

Den andre hunden hilste ikke, og ville ikke ha noe tilbake.

Er stahl weder Essen noch beschnüffelte er die Neuankömmlinge interessiert.

Han stjal ikke mat, og snufset heller ikke interessert på de nyankomne.

Dieser Hund war grimmig und ruhig, düster und bewegte sich langsam.

Denne hunden var dyster og stille, dyster og treg i bevegelse.

Er warnte Curly, sich fernzuhalten, indem er sie einfach anstarrte.

Han advarte Krøllete om å holde seg unna ved å bare stirre på henne.

Seine Botschaft war klar: Lass mich in Ruhe, sonst gibt es Ärger.

Beskjeden hans var klar: la meg være i fred, ellers blir det trøbbel.

Er hieß Dave und nahm seine Umgebung kaum wahr.

Han ble kalt Dave, og han la knapt merke til omgivelsene sine.

Er schlief oft, aß ruhig und gähnte ab und zu.

Han sov ofte, spiste stille og gjespet nå og da.

Das Schiff summte ständig, während unten der Propeller schlug.

Skipet summet konstant med den bankende propellen nedenfor.

Die Tage vergingen, ohne dass sich viel änderte, aber das Wetter wurde kälter.

Dagene gikk med få forandringer, men været ble kaldere.

Buck spürte es in seinen Knochen und bemerkte, dass es den anderen genauso ging.

Buck kunne føle det i knoklene sine, og la merke til at de andre gjorde det også.

Dann blieb eines Morgens der Propeller stehen und alles war still.

Så en morgen stoppet propellen, og alt ble stående stille.

Eine Energie durchströmte das Schiff; etwas hatte sich verändert.

En energi feide gjennom skipet; noe hadde forandret seg.

François kam herunter, legte ihnen die Leinen an und brachte sie hoch.

François kom ned, festet dem i bånd og førte dem opp.

Buck stieg aus und fand den Boden weich, weiß und kalt.

Buck gikk ut og fant bakken myk, hvit og kald.

Er sprang erschrocken zurück und schnaubte völlig verwirrt.

Han hoppet tilbake i alarm og fnøs i full forvirring.

Seltsames weißes Zeug fiel vom grauen Himmel.

Merkelige hvite ting falt fra den grå himmelen.

Er schüttelte sich, aber die weißen Flocken landeten immer wieder auf ihm.

Han ristet på seg, men de hvite flakene fortsatte å lande på ham.

Er roch vorsichtig an dem weißen Zeug und leckte an ein paar eisigen Stückchen.

Han snuste forsiktig på den hvite substansen og slikket på noen iskalde biter.

Das Pulver brannte wie Feuer und verschwand dann einfach von seiner Zunge.

Pulveret brant som ild, før det forsvant rett fra tungen hans.

Buck versuchte es noch einmal und war verwirrt über die seltsame, verschwindende Kälte.

Buck prøvde igjen, forvirret av den merkelige, forsvinnende kulden.

Die Männer um ihn herum lachten und Buck war verlegen.

Mennene rundt ham lo, og Buck følte seg flau.

Er wusste nicht warum, aber er schämte sich für seine Reaktion.

Han visste ikke hvorfor, men han skammet seg over reaksjonen sin.

Es war seine erste Erfahrung mit Schnee und es verwirrte ihn.

Det var hans første erfaring med snø, og det forvirret ham.

Das Gesetz von Keule und Fang
Loven om kølle og fang

Bucks erster Tag am Strand von Dyea fühlte sich wie ein schrecklicher Albtraum an.
Bucks første dag på Dyea-stranden føltes som et forferdelig mareritt.
Jede Stunde brachte neue Schocks und unerwartete Veränderungen für Buck.
Hver time brakte nye sjokk og uventede forandringer for Buck.
Er war aus der Zivilisation gerissen und ins wilde Chaos gestürzt worden.
Han hadde blitt trukket ut av sivilisasjonen og kastet ut i et vilt kaos.
Dies war kein sonniges, faules Leben mit Langeweile und Ruhe.
Dette var ikke noe solrikt, lat liv med kjedsomhet og hvile.
Es gab keinen Frieden, keine Ruhe und keinen Moment ohne Gefahr.
Det var ingen fred, ingen hvile og intet øyeblikk uten fare.
Überall herrschte Verwirrung und die Gefahr war immer in der Nähe.
Forvirring hersket over alt, og faren var alltid nær.
Buck musste wachsam bleiben, denn diese Männer und Hunde waren anders.
Buck måtte være årvåken fordi disse mennene og hundene var forskjellige.
Sie kamen nicht aus der Stadt, sie waren wild und gnadenlos.
De var ikke fra byer; de var ville og uten nåde.
Diese Männer und Hunde kannten nur das Gesetz der Keule und der Reißzähne.
Disse mennene og hundene kjente bare loven om kølle og hoggtennen.
Buck hatte noch nie Hunde so kämpfen sehen wie diese wilden Huskys.

Buck hadde aldri sett hunder slåss slik som disse ville huskyene.

Seine erste Erfahrung lehrte ihn eine Lektion, die er nie vergessen würde.

Hans første erfaring lærte ham en lekse han aldri ville glemme.

Er hatte Glück, dass er es nicht war, sonst wäre auch er gestorben.

Han var heldig at det ikke var ham, ellers ville han også ha dødd.

Curly war derjenige, der litt, während Buck zusah und lernte.

Det var Krøllete som led mens Buck så på og lærte.

Sie hatten ihr Lager in der Nähe eines aus Baumstämmen gebauten Ladens aufgeschlagen.

De hadde slått leir i nærheten av et lager bygget av tømmerstokker.

Curly versuchte, einem großen, wolfsähnlichen Husky gegenüber freundlich zu sein.

Krøllete prøvde å være vennlig mot en stor, ulvelignende husky.

Der Husky war kleiner als Curly, sah aber wild und böse aus.

Huskyen var mindre enn Krøllete, men så vill og slem ut.

Ohne Vorwarnung sprang er auf und schlug ihr ins Gesicht.

Uten forvarsel hoppet han og skar opp ansiktet hennes.

Seine Zähne schnitten in einer Bewegung von ihrem Auge bis zu ihrem Kiefer.

Tennene hans skar fra øyet hennes og ned til kjeven hennes i ett trekk.

So kämpften Wölfe: Sie schlugen schnell zu und sprangen weg.

Slik kjempet ulver – slo raskt og hoppet unna.

Aber es gab mehr zu lernen als nur diesen einen Angriff.

Men det var mer å lære enn av det ene angrepet.

Dutzende Huskys stürmten herein und bildeten einen stillen Kreis.

Dusinvis av huskyer stormet inn og dannet en stille sirkel.

Sie schauten aufmerksam zu und leckten sich hungrig die Lippen.

De så nøye på og slikket seg om leppene av sult.

Buck verstand weder ihr Schweigen noch ihre begierigen Blicke.

Buck forsto ikke tausheten deres eller de ivrige blikkene deres.

Curly stürzte sich ein zweites Mal auf den Husky, um ihn anzugreifen.

Krøllete skyndte seg for å angripe huskyen for andre gang.

Mit einer kräftigen Bewegung seiner Brust warf er sie um.

Han brukte brystet til å velte henne med et kraftig bevegelse.

Sie fiel auf die Seite und konnte nicht wieder aufstehen.

Hun falt på siden og klarte ikke å reise seg igjen.

Darauf hatten die anderen die ganze Zeit gewartet.

Det var det de andre hadde ventet på hele tiden.

Die Huskies sprangen sie an und jaulten und knurrten wie wild.

Huskiene hoppet på henne, hylte og knurret i et vanvidd.

Sie schrie, als sie unter einem Haufen Hunde begruben.

Hun skrek mens de begravde henne under en haug med hunder.

Der Angriff erfolgte so schnell, dass Buck vor Schreck erstarrte.

Angrepet var så raskt at Buck frøs til av sjokk.

Er sah, wie Spitz die Zunge herausstreckte, als würde er lachen.

Han så Spitz strekke ut tungen på en måte som lignet en latter.

François schnappte sich eine Axt und rannte direkt in die Hundegruppe hinein.

François grep en øks og løp rett inn i hundeflokken.

Drei weitere Männer halfen mit Knüppeln, die Huskies zu vertreiben.

Tre andre menn brukte køller for å hjelpe med å jage bort huskyene.

In nur zwei Minuten war der Kampf vorbei und die Hunde waren verschwunden.

På bare to minutter var kampen over og hundene var borte.

Curly lag tot im roten, zertrampelten Schnee, ihr Körper war zerfetzt.

Krøllete lå død i den røde, nedtrampede snøen, kroppen hennes revet i stykker.

Ein dunkelhäutiger Mann stand über ihr und verfluchte die brutale Szene.

En mørkhudet mann sto over henne og forbannet den brutale scenen.

Die Erinnerung blieb bei Buck und verfolgte ihn nachts in seinen Träumen.

Minnet ble værende hos Buck og hjemsøkte drømmene hans om natten.

So war es hier: keine Fairness, keine zweite Chance.

Det var måten det var her; ingen rettferdighet, ingen ny sjanse.

Sobald ein Hund fiel, töteten die anderen ihn gnadenlos.

Når en hund falt, ville de andre drepe uten nåde.

Buck beschloss damals, dass er niemals zulassen würde, dass er fällt.

Buck bestemte seg da for at han aldri skulle tillate seg selv å falle.

Spitz streckte erneut die Zunge heraus und lachte über das Blut.

Spitz stakk ut tungen igjen og lo av blodet.

Von diesem Moment an hasste Buck Spitz aus vollem Herzen.

Fra det øyeblikket av hatet Buck Spitz av hele sitt hjerte.

Bevor Buck sich von Curlys Tod erholen konnte, passierte etwas Neues.

Før Buck rakk å komme seg etter Krølletes død, skjedde det noe nytt.

François kam herüber und schnallte etwas um Bucks Körper.

François kom bort og bandt noe rundt Bucks kropp.

Es war ein Geschirr wie das, das auf der Ranch für Pferde verwendet wurde.

Det var en sele som de som brukes på hester på ranchen.

Buck hatte gesehen, wie Pferde arbeiteten, und nun musste auch er arbeiten.

Akkurat som Buck hadde sett hester arbeide, måtte han nå også arbeide.

Er musste François auf einem Schlitten in den nahegelegenen Wald ziehen.

Han måtte trekke François på en slede inn i skogen i nærheten.

Anschließend musste er eine Ladung schweres Brennholz zurückziehen.

Så måtte han dra tilbake et lass med tung ved.

Buck war stolz und deshalb tat es ihm weh, wie ein Arbeitstier behandelt zu werden.

Buck var stolt, så det såret ham å bli behandlet som et arbeidsdyr.

Aber er war klug und versuchte nicht, gegen die neue Situation anzukämpfen.

Men han var klok og prøvde ikke å kjempe mot den nye situasjonen.

Er akzeptierte sein neues Leben und gab bei jeder Aufgabe sein Bestes.

Han aksepterte sitt nye liv og ga sitt beste i enhver oppgave.

Alles an der Arbeit war ihm fremd und ungewohnt.

Alt ved arbeidet var merkelig og uvant for ham.

François war streng und verlangte unverzüglichen Gehorsam.

François var streng og krevde lydighet uten forsinkelse.

Seine Peitsche sorgte dafür, dass jeder Befehl sofort befolgt wurde.

Pisken hans sørget for at hver kommando ble fulgt med en gang.

Dave war der Schlittenführer, der Hund, der dem Schlitten hinter Buck am nächsten war.

Dave var sledens sjåfør, hunden nærmest sleden bak Buck.

Dave biss Buck in die Hinterbeine, wenn er einen Fehler machte.

Dave bet Buck i bakbeina hvis han gjorde en feil.

Spitz war der Leithund und in dieser Rolle geschickt und erfahren.

Spitz var lederhunden, dyktig og erfaren i rollen.

Spitz konnte Buck nicht leicht erreichen, korrigierte ihn aber trotzdem.

Spitz klarte ikke å nå Buck lett, men korrigerte ham likevel.

Er knurrte barsch oder zog den Schlitten auf eine Art, die Buck etwas beibrachte.

Han knurret hardt eller trakk sleden på måter som lærte Buck.

Durch dieses Training lernte Buck schneller, als alle erwartet hatten.

Under denne opplæringen lærte Buck raskere enn noen av dem forventet.

Er hat hart gearbeitet und sowohl von François als auch von den anderen Hunden gelernt.

Han jobbet hardt og lærte av både François og de andre hundene.

Als sie zurückkamen, kannte Buck die wichtigsten Befehle bereits.

Da de kom tilbake, kunne Buck allerede nøkkelkommandoene.

Von François hat er gelernt, beim Laut „ho" anzuhalten.

Han lærte å stoppe ved lyden av «ho» fra François.

Er lernte, wann er den Schlitten ziehen und rennen musste.

Han lærte når han måtte trekke sleden og løpe.

Er lernte, in den Kurven des Weges ohne Probleme weit abzubiegen.

Han lærte å svinge bredt i svinger på stien uten problemer.

Er lernte auch, Dave auszuweichen, wenn der Schlitten schnell bergab fuhr.

Han lærte også å unngå Dave når sleden gikk fort nedoverbakke.

„Das sind sehr gute Hunde", sagte François stolz zu Perrault.

«De er veldig flinke hunder», sa François stolt til Perrault.

„Dieser Buck zieht wie der Teufel – ich bringe ihm das so schnell bei, wie ich nur kann."

«Den Bucken drar som bare det – jeg lærer ham opp så fort som ingenting.»

Später am Tag kam Perrault mit zwei weiteren Huskys zurück.
Senere samme dag kom Perrault tilbake med to huskyhunder til.
Ihre Namen waren Billee und Joe und sie waren Brüder.
De hette Billee og Joe, og de var brødre.
Sie stammten von derselben Mutter, waren sich aber überhaupt nicht ähnlich.
De kom fra samme mor, men var ikke like i det hele tatt.
Billee war gutmütig und zu allen sehr freundlich.
Billee var godhjertet og altfor vennlig med alle.
Joe war das Gegenteil – ruhig, wütend und immer am Knurren.
Joe var det motsatte – stille, sint og alltid knurrende.
Buck begrüßte sie freundlich und blieb beiden gegenüber ruhig.
Buck hilste vennlig på dem og var rolig med begge.
Dave schenkte ihnen keine Beachtung und blieb wie üblich still.
Dave brydde seg ikke om dem og forble taus som vanlig.
Um seine Dominanz zu demonstrieren, griff Spitz zuerst Billee und dann Joe an.
Spitz angrep først Billee, deretter Joe, for å vise sin dominans.
Billee wedelte mit dem Schwanz und versuchte, freundlich zu Spitz zu sein.
Billee logret med halen og prøvde å være vennlig mot Spitz.
Als das nicht funktionierte, versuchte er stattdessen wegzulaufen.
Da det ikke fungerte, prøvde han å stikke av i stedet.
Er weinte traurig, als Spitz ihn fest in die Seite biss.
Han gråt dystert da Spitz bet ham hardt i siden.
Aber Joe war ganz anders und ließ sich nicht einschüchtern.
Men Joe var veldig annerledes og nektet å bli mobbet.

Jedes Mal, wenn Spitz näher kam, drehte sich Joe schnell um, um ihm in die Augen zu sehen.

Hver gang Spitz kom nær, snudde Joe seg raskt for å møte ham.

Sein Fell sträubte sich, seine Lippen kräuselten sich und seine Zähne schnappten wild.

Pelsen hans strittet, leppene hans krøllet seg, og tennene hans knakk vilt.

Joes Augen glänzten vor Angst und Wut und forderten Spitz heraus, zuzuschlagen.

Joes øyne glitret av frykt og raseri, og utfordret Spitz til å slå til.

Spitz gab den Kampf auf und wandte sich gedemütigt und wütend ab.

Spitz ga opp kampen og snudde seg bort, ydmyket og sint.

Er ließ seine Frustration an dem armen Billee aus und jagte ihn davon.

Han lot frustrasjonen sin gå ut over stakkars Billee og jaget ham vekk.

An diesem Abend fügte Perrault dem Team einen weiteren Hund hinzu.

Den kvelden la Perrault til enda en hund i spannet.

Dieser Hund war alt, mager und mit Kampfnarben übersät.

Denne hunden var gammel, mager og dekket av arr fra krigsår.

Eines seiner Augen fehlte, doch das andere blitzte kraftvoll auf.

Det ene øyet hans manglet, men det andre glitret av kraft.

Der neue Hund hieß Solleks, was „der Wütende" bedeutet.

Den nye hundens navn var Solleks, som betydde Den Sinte.

Wie Dave verlangte Solleks nichts von anderen und gab nichts zurück.

I likhet med Dave ba Solleks ikke om noe fra andre, og ga ingenting tilbake.

Als Solleks langsam ins Lager ging, blieb sogar Spitz fern.

Da Solleks gikk sakte inn i leiren, holdt selv Spitz seg unna.

Er hatte eine seltsame Angewohnheit, die Buck unglücklicherweise entdeckte.

Han hadde en merkelig vane som Buck var uheldig å oppdage.

Solleks hasste es, von der Seite angesprochen zu werden, auf der er blind war.

Solleks hatet å bli kontaktet fra den siden hvor han var blind.

Buck wusste das nicht und machte diesen Fehler versehentlich.

Buck visste ikke dette og gjorde den feilen ved et uhell.

Solleks wirbelte herum und versetzte Buck einen schnellen, tiefen Schlag auf die Schulter.

Solleks snudde seg rundt og skar Buck dypt og raskt i skulderen.

Von diesem Moment an kam Buck nie wieder in die Nähe von Solleks' blinder Seite.

Fra det øyeblikket av kom Buck aldri i nærheten av Solleks' blinde side.

Für den Rest ihrer gemeinsamen Zeit gab es nie wieder Probleme.

De hadde aldri problemer igjen resten av tiden de var sammen.

Solleks wollte nur in Ruhe gelassen werden, wie der ruhige Dave.

Solleks ville bare bli i fred, som stille Dave.

Doch Buck erfuhr später, dass jeder von ihnen ein anderes geheimes Ziel hatte.

Men Buck skulle senere få vite at de hver hadde et annet hemmelig mål.

In dieser Nacht stand Buck vor einer neuen und beunruhigenden Herausforderung: Wie sollte er schlafen?

Den natten sto Buck overfor en ny og problematisk utfordring – hvordan han skulle sove.

Das Zelt leuchtete warm im Kerzenlicht auf dem schneebedeckten Feld.

Teltet glødet varmt av levende lys i den snødekte feltet.

Buck ging hinein und dachte, er könnte sich dort wie zuvor ausruhen.

Buck gikk inn og tenkte at han kunne hvile der som før.

Aber Perrault und François schrien ihn an und warfen Pfannen.

Men Perrault og François ropte til ham og kastet panner.

Schockiert und verwirrt rannte Buck in die eisige Kälte hinaus.

Sjokkert og forvirret løp Buck ut i den iskalde kulden.

Ein bitterkalter Wind stach ihm in die verletzte Schulter und ließ seine Pfoten erfrieren.

En bitter vind sved i den sårede skulderen hans og frøs til frøs potene hans.

Er legte sich in den Schnee und versuchte, im Freien zu schlafen.

Han la seg ned i snøen og prøvde å sove ute i det fri.

Doch die Kälte zwang ihn bald, heftig zitternd wieder aufzustehen.

Men kulden tvang ham snart til å reise seg igjen, skjelvende.

Er wanderte durch das Lager und versuchte, ein wärmeres Plätzchen zu finden.

Han vandret gjennom leiren og prøvde å finne et varmere sted.

Aber jede Ecke war genauso kalt wie die vorherige.

Men hvert hjørne var like kaldt som det forrige.

Manchmal sprangen ihn wilde Hunde aus der Dunkelheit an.

Noen ganger hoppet ville hunder mot ham fra mørket.

Buck sträubte sein Fell, fletschte die Zähne und knurrte warnend.

Buck strittet i pelsen, viste tennene og glefset advarende.

Er lernte schnell und die anderen Hunde zogen sich schnell zurück.

Han lærte fort, og de andre hundene trakk seg raskt unna.

Trotzdem hatte er keinen Platz zum Schlafen und keine Ahnung, was er tun sollte.

Likevel hadde han ikke noe sted å sove, og ante ikke hva han skulle gjøre.

Endlich kam ihm ein Gedanke: Er sollte nach seinen Teamkollegen sehen.

Endelig slo ham en tanke – sjekke hvordan det går med lagkameratene sine.

Er kehrte in ihre Gegend zurück und war überrascht, dass sie verschwunden waren.

Han dro tilbake til området deres og ble overrasket over å finne dem borte.

Erneut durchsuchte er das Lager, konnte sie jedoch immer noch nicht finden.

Igjen lette han gjennom leiren, men fant dem fortsatt ikke.

Er wusste, dass sie nicht im Zelt sein durften, sonst wäre er auch dort gewesen.

Han visste at de ikke kunne være i teltet, ellers ville han også være det.

Wo also waren all die Hunde in diesem eisigen Lager geblieben?

Så hvor hadde alle hundene blitt av i denne frosne leiren?

Buck, kalt und elend, umrundete langsam das Zelt.

Buck, kald og ulykkelig, sirklet sakte rundt teltet.

Plötzlich sanken seine Vorderbeine in den weichen Schnee und er erschrak.

Plutselig sank forbeina hans ned i den myke snøen og skremte ham.

Etwas zappelte unter seinen Füßen und er sprang ängstlich zurück.

Noe vred seg under føttene hans, og han hoppet bakover i frykt.

Er knurrte und fauchte, ohne zu wissen, was sich unter dem Schnee verbarg.

Han knurret og glefset, uten å vite hva som lå under snøen.

Dann hörte er ein freundliches kleines Bellen, das seine Angst linderte.

Så hørte han et vennlig lite bjeff som dempet frykten hans.

Er schnüffelte in der Luft und kam näher, um zu sehen, was verborgen war.

Han snuste i luften og kom nærmere for å se hva som var skjult.

Unter dem Schnee lag, zu einer warmen Kugel zusammengerollt, der kleine Billee.

Under snøen, krøllet sammen til en varm ball, lå lille Billee.

Billee wedelte mit dem Schwanz und leckte Bucks Gesicht zur Begrüßung.

Billee logret med halen og slikket Buck i ansiktet for å hilse på ham.

Buck sah, wie Billee im Schnee einen Schlafplatz gebaut hatte.

Buck så hvordan Billee hadde laget en soveplass i snøen.

Er hatte sich eingegraben und nutzte seine eigene Wärme, um sich warm zu halten.

Han hadde gravd seg ned og brukt sin egen varme for å holde seg varm.

Buck hatte eine weitere Lektion gelernt – so schliefen die Hunde.

Buck hadde lært en annen lekse – det var slik hundene sov.

Er suchte sich eine Stelle aus und begann, sein eigenes Loch in den Schnee zu graben.

Han valgte et sted og begynte å grave sitt eget hull i snøen.

Anfangs bewegte er sich zu viel und verschwendete Energie.

I starten beveget han seg for mye og sløste med energi.

Doch bald erwärmte sein Körper den Raum und er fühlte sich sicher.

Men snart varmet kroppen hans opp rommet, og han følte seg trygg.

Er rollte sich fest zusammen und schlief bald fest.

Han krøllet seg tett sammen, og det tok ikke lang tid før han sov dypt.

Der Tag war lang und hart gewesen und Buck war erschöpft.

Dagen hadde vært lang og hard, og Buck var utslitt.

Er schlief tief und fest, obwohl seine Träume wild waren.

Han sov dypt og komfortabelt, selv om drømmene hans var
ville.

Er knurrte und bellte im Schlaf und wand sich im Traum.
Han knurret og bjeffet i søvne, og vred seg mens han drømte.

Buck wachte erst auf, als im Lager bereits Leben erwachte.
Buck våknet ikke før leiren allerede våknet til liv.
Zuerst wusste er nicht, wo er war oder was passiert war.
Først visste han ikke hvor han var eller hva som hadde skjedd.
**Über Nacht war Schnee gefallen und hatte seinen Körper
vollständig begraben.**
Snø hadde falt over natten og begravd kroppen hans
fullstendig.
Der Schnee umgab ihn von allen Seiten dicht.
Snøen presset seg tett rundt ham på alle kanter.
**Plötzlich durchfuhr eine Welle der Angst Bucks ganzen
Körper.**
Plutselig fór en bølge av frykt gjennom hele Bucks kropp.
**Es war die Angst, gefangen zu sein, eine Angst aus tiefen
Instinkten.**
Det var frykten for å bli fanget, en frykt fra dype instinkter.
**Obwohl er noch nie eine Falle gesehen hatte, lebte die Angst
in ihm.**
Selv om han aldri hadde sett en felle, levde frykten inni ham.
**Er war ein zahmer Hund, aber jetzt erwachten seine alten
wilden Instinkte.**
Han var en tam hund, men nå våknet hans gamle ville
instinkter.
**Bucks Muskeln spannten sich an und sein Fell stellte sich
auf seinem ganzen Rücken auf.**
Bucks muskler strammet seg, og pelsen hans reiste seg over
hele ryggen.
**Er knurrte wild und sprang senkrecht durch den Schnee
nach oben.**
Han knurret voldsomt og sprang rett opp gjennom snøen.
Als er ins Tageslicht trat, flog Schnee in alle Richtungen.
Snøen fløy i alle retninger idet han brøt ut i dagslyset.

Schon vor der Landung sah Buck das Lager vor sich ausgebreitet.

Selv før landing så Buck leiren brede seg ut foran seg.

Er erinnerte sich auf einmal an alles vom Vortag.

Han husket alt fra dagen før, på en gang.

Er erinnerte sich daran, wie er mit Manuel spazieren gegangen war und an diesem Ort gelandet war.

Han husket at han spaserte med Manuel og endte opp på dette stedet.

Er erinnerte sich daran, wie er das Loch gegraben hatte und in der Kälte eingeschlafen war.

Han husket at han gravde hullet og sovnet i kulden.

Jetzt war er wach und die wilde Welt um ihn herum war klar.

Nå var han våken, og den ville verden rundt ham var klar.

Ein Ruf von François begrüßte Bucks plötzliches Auftauchen.

Et rop fra François hyllet Bucks plutselige opptreden.

„Was habe ich gesagt?", rief der Hundeführer Perrault laut zu.

«Hva sa jeg?» ropte hundeføreren høyt til Perrault.

„Dieser Buck lernt wirklich sehr schnell", fügte François hinzu.

«Den Buck lærer jo så absolutt fort,» la François til.

Perrault nickte ernst und war offensichtlich mit dem Ergebnis zufrieden.

Perrault nikket alvorlig, tydelig fornøyd med resultatet.

Als Kurier für die kanadische Regierung beförderte er Depeschen.

Som kurer for den kanadiske regjeringen fraktet han forsendelser.

Er war bestrebt, die besten Hunde für seine wichtige Mission zu finden.

Han var ivrig etter å finne de beste hundene til sitt viktige oppdrag.

Er war besonders erfreut, dass Buck nun Teil des Teams war.

Han følte seg spesielt fornøyd nå som Buck var en del av laget.

Innerhalb einer Stunde kamen drei weitere Huskies zum Team hinzu.

Tre nye huskyer ble lagt til teamet i løpet av en time.

Damit betrug die Gesamtzahl der Hunde im Team neun.

Det brakte det totale antallet hunder i laget til ni.

Innerhalb von fünfzehn Minuten lagen alle Hunde im Geschirr.

Innen femten minutter var alle hundene i selene sine.

Das Schlittenteam schwang sich den Weg hinauf in Richtung Dyea Cañon.

Akespannet svingte oppover stien mot Dyea Cañon.

Buck war froh, gehen zu können, auch wenn die Arbeit, die vor ihm lag, hart war.

Buck var glad for å dra, selv om arbeidet som lå foran ham var hardt.

Er stellte fest, dass er weder die Arbeit noch die Kälte besonders verabscheute.

Han fant ut at han ikke spesielt foraktet arbeidet eller kulden.

Er war überrascht von der Begeisterung, die das gesamte Team erfüllte.

Han ble overrasket over iveren som fylte hele laget.

Noch überraschender war die Veränderung, die bei Dave und Solleks vor sich ging.

Enda mer overraskende var forandringen som hadde kommet over Dave og Solleks.

Diese beiden Hunde waren völlig unterschiedlich, als sie ein Geschirr trugen.

Disse to hundene var helt forskjellige da de var i sele.

Ihre Passivität und Sorglosigkeit waren völlig verschwunden.

Deres passivitet og mangel på bekymring hadde forsvunnet fullstendig.

Sie waren aufmerksam und aktiv und bestrebt, ihre Arbeit gut zu machen.

De var årvåkne og aktive, og ivrige etter å gjøre jobben sin bra.

Sie reagierten äußerst verärgert über alles, was zu Verzögerungen oder Verwirrung führte.

De ble voldsomt irriterte over alt som forårsaket forsinkelse eller forvirring.

Die harte Arbeit an den Zügeln stand im Mittelpunkt ihres gesamten Wesens.

Det harde arbeidet med tøylene var sentrum for hele deres vesen.

Das Schlittenziehen schien das Einzige zu sein, was ihnen wirklich Spaß machte.

Aketrekking så ut til å være det eneste de virkelig likte.

Dave war am Ende der Gruppe und dem Schlitten am nächsten.

Dave var bakerst i gruppen, nærmest selve sleden.

Buck landete vor Dave und Solleks zog an Buck vorbei.

Buck ble plassert foran Dave, og Solleks trakk seg foran Buck.

Die übrigen Hunde liefen in einer Reihe vorn.

Resten av hundene lå langs rekke foran i én rekke.

Die Führungsposition an der Spitze besetzte Spitz.

Lederposisjonen foran ble fylt av Spitz.

Buck war zur Einweisung zwischen Dave und Solleks platziert worden.

Buck hadde blitt plassert mellom Dave og Solleks for instruksjon.

Er lernte schnell und sie waren strenge und fähige Lehrer.

Han lærte raskt, og de var bestemte og dyktige lærere.

Sie ließen nie zu, dass Buck lange im Irrtum blieb.

De lot aldri Buck forbli i villfarelse lenge.

Sie erteilten ihre Lektionen, wenn nötig, mit scharfen Zähnen.

De underviste med skarpe tenner når det var nødvendig.

Dave war fair und zeigte eine ruhige, ernste Art von Weisheit.

Dave var rettferdig og viste en stille, seriøs form for visdom.

Er hat Buck nie ohne guten Grund gebissen.

Han bet aldri Buck uten en god grunn til det.

Aber er hat es nie versäumt, zuzubeißen, wenn Buck eine Korrektur brauchte.

Men han unnlot aldri å bite når Buck trengte korrigering.

François' Peitsche war immer bereit und untermauerte ihre Autorität.

François' pisk var alltid klar og støttet opp om autoriteten deres.

Buck merkte bald, dass es besser war zu gehorchen, als sich zu wehren.

Buck fant snart ut at det var bedre å adlyde enn å slå tilbake.

Einmal verhedderte sich Buck während einer kurzen Pause in den Zügeln.

En gang, under en kort hvil, viklet Buck seg inn i tøylene.

Er verzögerte den Start und brachte die Bewegungen des Teams durcheinander.

Han forsinket starten og forvirret lagets bevegelser.

Dave und Solleks stürzten sich auf ihn und verprügelten ihn brutal.

Dave og Solleks fór mot ham og ga ham en hard juling.

Das Gewirr wurde nur noch schlimmer, aber Buck lernte seine Lektion.

Floken ble bare verre, men Buck lærte leksa si godt.

Von da an hielt er die Zügel straff und arbeitete vorsichtig.

Fra da av holdt han tømmene stramt og arbeidet forsiktig.

Bevor der Tag zu Ende war, hatte Buck einen Großteil seiner Aufgabe gemeistert.

Før dagen var omme, hadde Buck mestret mye av oppgaven sin.

Seine Teamkollegen hörten fast auf, ihn zu korrigieren oder zu beißen.

Lagkameratene hans holdt nesten på å slutte å korrigere eller bite ham.

François' Peitsche knallte immer seltener durch die Luft.

François' pisk knitret sjeldnere og sjeldnere gjennom luften.

Perrault hob sogar Bucks Füße an und untersuchte sorgfältig jede Pfote.

Perrault løftet til og med Bucks føtter og undersøkte nøye hver pote.

Es war ein harter Tageslauf gewesen, lang und anstrengend für alle.

Det hadde vært en hard løpetur, lang og slitsom for dem alle.

Sie reisten den Cañon hinauf, durch Sheep Camp und an den Scales vorbei.

De reiste opp Cañon, gjennom Sheep Camp og forbi Scales.

Sie überquerten die Baumgrenze, dann Gletscher und meterhohe Schneeverwehungen.

De krysset tømmergrensen, deretter isbreer og snøfonner mange meter dype.

Sie erklommen die große, kalte und unwirtliche Chilkoot-Wasserscheide.

De klatret den store, kalde og forferdelige Chilkoot-kløften.

Dieser hohe Bergrücken lag zwischen Salzwasser und dem gefrorenen Landesinneren.

Den høye åskammen lå mellom saltvann og det frosne indre.

Die Berge bewachten den traurigen und einsamen Norden mit Eis und steilen Anstiegen.

Fjellene voktet det triste og ensomme Nord med is og bratte stigninger.

Sie kamen gut voran und erreichten eine lange Kette von Seen unterhalb der Wasserscheide.

De hadde god tid nedover en lang rekke med innsjøer nedenfor grensen.

Diese Seen füllten die alten Krater erloschener Vulkane.

Disse innsjøene fylte de gamle kratrene til utdødde vulkaner.

Spät in der Nacht erreichten sie ein großes Lager am Lake Bennett.

Sent den kvelden nådde de en stor leir ved Lake Bennett.

Tausende Goldsucher waren dort und bauten Boote für den Frühling.

Tusenvis av gullsøkere var der og bygde båter til våren.

Das Eis würde bald aufbrechen und sie mussten bereit sein.

Isen skulle snart bryte opp, og de måtte være forberedt.

Buck grub sein Loch in den Schnee und fiel in einen tiefen Schlaf.

Buck gravde hullet sitt i snøen og falt i en dyp søvn.

Er schlief wie ein Arbeiter, erschöpft von einem harten Arbeitstag.

Han sov som en arbeider, utmattet etter den harde dagen med slit.

Doch zu früh wurde er in der Dunkelheit aus dem Schlaf gerissen.

Men altfor tidlig i mørket ble han dratt ut av søvnen.

Er wurde wieder mit seinen Kumpels angeschirrt und vor den Schlitten gespannt.

Han ble spennt for sele sammen med kameratene sine igjen og festet til sleden.

An diesem Tag legten sie sechzig Kilometer zurück, weil der Schnee festgetreten war.

Den dagen tilbakela de førti mil, fordi snøen var godt tråkket.

Am nächsten Tag und noch viele Tage danach war der Schnee weich.

Dagen etter, og i mange dager etter, var snøen myk.

Sie mussten den Weg selbst bahnen, härter arbeiten und langsamer vorankommen.

De måtte lage stien selv, jobbe hardere og bevege seg saktere.

Normalerweise ging Perrault mit Schwimmhäuten an den Schneeschuhen vor dem Team her.

Vanligvis gikk Perrault foran laget med truger med svømmehud.

Seine Schritte verdichteten den Schnee und erleichterten so die Fortbewegung des Schlittens.

Skrittene hans pakket snøen, noe som gjorde det lettere for sleden å bevege seg.

François, der vom Steuerstand aus steuerte, übernahm manchmal die Kontrolle.

François, som styrte fra gee-polen, tok noen ganger over.

Aber es kam selten vor, dass François die Führung übernahm

Men det var sjelden at François tok ledelsen

weil Perrault es eilig hatte, die Briefe und Pakete auszuliefern.

fordi Perrault hadde det travelt med å levere brevene og pakkene.

Perrault war stolz auf sein Wissen über Schnee und insbesondere Eis.

Perrault var stolt av sin kunnskap om snø, og spesielt is.

Dieses Wissen war von entscheidender Bedeutung, da das Eis im Herbst gefährlich dünn war.

Den kunnskapen var viktig, for høstisen var farlig tynn.

Wo das Wasser unter der Oberfläche schnell floss, gab es überhaupt kein Eis.

Der vannet rant raskt under overflaten, var det ingen is i det hele tatt.

Tag für Tag wiederholte sich endlos die gleiche Routine.

Dag etter dag gjentok den samme rutinen seg uten ende.

Buck arbeitete unermüdlich von morgens bis abends in den Zügeln.

Buck slet uendelig i tømmene fra daggry til natt.

Sie verließen das Lager im Dunkeln, lange bevor die Sonne aufgegangen war.

De forlot leiren i mørket, lenge før solen hadde stått opp.

Als es Tag wurde, hatten sie bereits viele Kilometer zurückgelegt.

Da dagslyset kom, var mange mil allerede bak dem.

Sie schlugen ihr Lager nach Einbruch der Dunkelheit auf, aßen Fisch und gruben sich in den Schnee ein.

De slo leir etter mørkets frembrudd, spiste fisk og gravde seg ned i snøen.

Buck war immer hungrig und mit seiner Ration nie wirklich zufrieden.

Buck var alltid sulten og aldri helt fornøyd med rasjonen sin.

Er erhielt jeden Tag anderthalb Pfund getrockneten Lachs.

Han fikk halvannet pund tørket laks hver dag.

Doch das Essen schien in ihm zu verschwinden und ließ den Hunger zurück.

Men maten syntes å forsvinne inni ham, og etterlot sulten.

Er litt unter ständigem Hunger und träumte von mehr Essen.

Han led av konstant sultfølelse og drømte om mer mat.

Die anderen Hunde haben nur ein Pfund abgenommen, sind aber stark geblieben.

De andre hundene fikk bare ett pund mat, men de holdt seg sterke.

Sie waren kleiner und in das Leben im Norden hineingeboren.

De var mindre, og hadde blitt født inn i det nordlige livet.

Er verlor rasch die Sorgfalt, die sein früheres Leben geprägt hatte.

Han mistet raskt den kresenheten som hadde preget hans gamle liv.

Er war ein gieriger Esser gewesen, aber jetzt war das nicht mehr möglich.

Han hadde vært en finspiser, men nå var ikke det lenger mulig.

Seine Kameraden waren zuerst fertig und raubten ihm seine noch nicht aufgegessene Ration.

Kameratene hans ble først ferdige og frarøvet ham den uferdige rasjonen.

Als sie einmal damit anfingen, gab es keine Möglichkeit mehr, sein Essen vor ihnen zu verteidigen.

Da de først hadde begynt, var det ingen måte å forsvare maten hans mot dem.

Während er zwei oder drei Hunde abwehrte, stahlen die anderen den Rest.

Mens han kjempet mot to eller tre hunder, stjal de andre resten.

Um dies zu beheben, begann er, so schnell zu essen wie die anderen.

For å fikse dette begynte han å spise like fort som de andre spiste.

Der Hunger trieb ihn so sehr an, dass er sogar Essen zu sich nahm, das ihm nicht gehörte.

Sulten presset ham så hardt at han til og med spiste mat som ikke var sin egen.

Er beobachtete die anderen und lernte schnell aus ihren Handlungen.

Han så på de andre og lærte raskt av handlingene deres.

Er sah, wie Pike, ein neuer Hund, Perrault eine Scheibe Speck stahl.

Han så Pike, en ny hund, stjele en skive bacon fra Perrault.

Pike hatte gewartet, bis Perrault sich umdrehte, um den Speck zu stehlen.

Pike hadde ventet til Perrault ble vendt ryggen til før han stjal baconet.

Am nächsten Tag machte Buck es Pike nach und stahl das ganze Stück.

Dagen etter kopierte Buck Pike og stjal hele delen.

Es folgte ein großer Aufruhr, doch Buck wurde nicht verdächtigt.

Et stort oppstyr fulgte, men Buck ble ikke mistenkt.

Stattdessen wurde Dub bestraft, ein tollpatschiger Hund, der immer erwischt wurde.

Dub, en klønete hund som alltid ble tatt, ble straffet i stedet.

Dieser erste Diebstahl machte Buck zu einem Hund, der in der Lage war, im Norden zu überleben.

Det første tyveriet markerte Buck som en hund som var skikket til å overleve i Nord.

Er zeigte, dass er sich an neue Bedingungen anpassen und schnell lernen konnte.

Han viste at han kunne tilpasse seg nye forhold og lære raskt.

Ohne diese Anpassungsfähigkeit wäre er schnell und auf schlimme Weise gestorben.

Uten en slik tilpasningsevne ville han ha dødd raskt og stygt.

Es markierte auch den Zusammenbruch seiner moralischen Natur und seiner früheren Werte.

Det markerte også sammenbruddet av hans moralske natur og tidligere verdier.

Im Südland hatte er nach dem Gesetz der Liebe und Güte gelebt.

I Sørlandet hadde han levd under kjærlighetens og godhetens lov.

Dort war es sinnvoll, Eigentum und die Gefühle anderer Hunde zu respektieren.

Der var det fornuftig å respektere eiendom og andre hunders følelser.

Aber das Nordland befolgte das Gesetz der Keule und das Gesetz der Reißzähne.

Men Nordlandet fulgte loven om kølle og loven om fang.

Wer hier alte Werte respektierte, war dumm und würde scheitern.

Den som respekterte gamle verdier her var tåpelig og ville mislykkes.

Buck hat das alles nicht durchdacht.

Buck resonnerte ikke alt dette ut i sitt sinn.

Er war fit und passte sich daher an, ohne darüber nachdenken zu müssen.

Han var i form, så han justerte seg uten å måtte tenke.

Sein ganzes Leben lang war er noch nie vor einem Kampf davongelaufen.

Hele livet hadde han aldri rømt fra en slåsskamp.

Doch die Holzkeule des Mannes im roten Pullover änderte diese Regel.

Men trekjøllen til mannen i den røde genseren endret den regelen.

Jetzt folgte er einem tieferen, älteren Code, der in sein Wesen eingeschrieben war.

Nå fulgte han en dypere, eldre kode skrevet inn i hans vesen.

Er stahl nicht aus Vergnügen, sondern aus Hunger.

Han stjal ikke av nytelse, men av sultens smerte.

Er raubte nie offen, sondern stahl mit List und Sorgfalt.

Han ranet aldri åpenlyst, men stjal med list og forsiktighet.

Er handelte aus Respekt vor der Holzkeule und aus Angst vor dem Fangzahn.

Han handlet av respekt for trekjøllen og frykt for hoggtannen.

Kurz gesagt, er hat das getan, was einfacher und sicherer war, als es nicht zu tun.

Kort sagt, han gjorde det som var enklere og tryggere enn å ikke gjøre det.

Seine Entwicklung – oder vielleicht seine Rückkehr zu alten Instinkten – verlief schnell.

Utviklingen hans – eller kanskje tilbakekomsten til gamle instinkter – gikk raskt.

Seine Muskeln verhärteten sich, bis sie sich stark wie Eisen anfühlten.

Musklene hans stivnet til de føltes sterke som jern.

Schmerzen machten ihm nichts mehr aus, es sei denn, sie waren ernst.

Han brydde seg ikke lenger om smerte, med mindre den var alvorlig.

Er wurde durch und durch effizient und verschwendete überhaupt nichts.

Han ble effektiv både innvendig og utvendig, og sløste ingenting bort.

Er konnte Dinge essen, die scheußlich, verdorben oder schwer verdaulich waren.

Han kunne spise ting som var avskyelige, råtne eller vanskelige å fordøye.

Was auch immer er aß, sein Magen verbrauchte das letzte bisschen davon.

Uansett hva han spiste, brukte magen hans opp hver minste verdi.

Sein Blut transportierte die Nährstoffe weit durch seinen kräftigen Körper.

Blodet hans fraktet næringsstoffene langt gjennom den kraftige kroppen hans.

Dadurch baute er starkes Gewebe auf, das ihm eine unglaubliche Ausdauer verlieh.

Dette bygde opp sterkt vev som ga ham utrolig utholdenhet.

Sein Seh- und Geruchssinn wurden viel feiner als zuvor.

Synet og luktesansen hans ble mye mer følsom enn før.

Sein Gehör wurde so scharf, dass er im Schlaf leise Geräusche wahrnehmen konnte.

Hørselen hans ble så skarp at han kunne oppfatte svake lyder i søvne.

In seinen Träumen wusste er, ob die Geräusche Sicherheit oder Gefahr bedeuteten.

Han visste i drømmene sine om lydene betydde sikkerhet eller
fare.
**Er lernte, mit den Zähnen auf das Eis zwischen seinen
Zehen zu beißen.**
Han lærte å bite i isen mellom tærne med tennene.
**Wenn ein Wasserloch zufror, brach er das Eis mit seinen
Beinen.**
Hvis et vannhull frøs til, ville han knekke isen med beina.
**Er bäumte sich auf und schlug mit seinen steifen
Vorderbeinen hart auf das Eis.**
Han reiste seg opp og slo hardt i isen med stive forbein.
**Seine bemerkenswerteste Fähigkeit war die Vorhersage von
Windänderungen über Nacht.**
Hans mest slående evne var å forutsi vindendringer over
natten.
**Selbst bei Windstille suchte er sich windgeschützte Stellen
aus.**
Selv når luften var stille, valgte han steder skjermet for vind.
**Wo auch immer er sein Nest grub, der Wind des nächsten
Tages strich an ihm vorbei.**
Uansett hvor han gravde reiret sitt, blåste neste dags vind
forbi ham.
Er landete immer gemütlich und geschützt, in Lee der Brise.
Han endte alltid opp med å ligge lunt og beskyttet, i le av
brisen.
**Buck hat nicht nur durch Erfahrung gelernt – auch seine
Instinkte sind zurückgekehrt.**
Buck lærte ikke bare av erfaring – instinktene hans kom også
tilbake.
**Die Gewohnheiten der domestizierten Generationen
begannen zu verschwinden.**
Vanene til tamme generasjoner begynte å falle bort.
Er erinnerte sich vage an die alten Zeiten seiner Rasse.
På vage måter husket han oldtiden til sin rase.
**Er dachte an die Zeit zurück, als wilde Hunde in Rudeln
durch die Wälder rannten.**

Han tenkte tilbake på den gang ville hunder løp i flokk
gjennom skoger.

**Sie hatten ihre Beute gejagt und getötet, während sie sie
verfolgten.**

De hadde jaget og drept byttet sitt mens de løp nedover det.

Buck lernte leicht, mit Biss und Schnelligkeit zu kämpfen.

Det var lett for Buck å lære å slåss med tann og fart.

**Er verwendete Schnitte, Hiebe und schnelle
Schnappschüsse, genau wie seine Vorfahren.**

Han brukte kutt, skråstrek og raske snaps akkurat som sine
forfedre.

**Diese Vorfahren regten sich in ihm und erweckten seine
wilde Natur.**

Disse forfedrene rørte seg i ham og vekket hans ville natur.

**Ihre alten Fähigkeiten waren ihm durch die Blutlinie vererbt
worden.**

De gamle ferdighetene deres hadde blitt arvet av ham
gjennom blodslinjen.

**Ihre Tricks gehörten ihm nun, ohne dass er üben oder sich
anstrengen musste.**

Nå var triksene deres hans, uten behov for øvelse eller
anstrengelse.

In stillen, kalten Nächten hob Buck die Nase und heulte.

På stille, kalde netter løftet Buck nesen og hylte.

**Er heulte lang und tief, so wie es die Wölfe vor langer Zeit
getan hatten.**

Han hylte lenge og dypt, slik ulver hadde gjort for lenge siden.

**Durch ihn streckten seine toten Vorfahren ihre Nasen und
heulten.**

Gjennom ham pekte hans avdøde forfedre nesen og hylte.

**Sie heulten durch die Jahrhunderte mit seiner Stimme und
Gestalt.**

De hylte ned gjennom århundrene i stemmen og skikkelsen
hans.

**Seine Kadenzen waren ihre, alte Schreie, die von Kummer
und Kälte erzählten.**

Kadensene hans var deres, gamle rop som fortalte om sorg og kulde.

Sie sangen von Dunkelheit, Hunger und der Bedeutung des Winters.

De sang om mørke, om sult og vinterens betydning.

Buck bewies, wie das Leben von Kräften jenseits des eigenen Ichs geprägt wird.

Buck beviste hvordan livet formes av krefter utenfor en selv,

Das uralte Lied stieg durch Buck auf und ergriff seine Seele.

den eldgamle sangen steg gjennom Buck og grep sjelen hans.

Er fand sich selbst, weil Menschen im Norden Gold gefunden hatten.

Han fant seg selv fordi menn hadde funnet gull i Nord.

Und er fand sich selbst, weil Manuel, der Gärtnergehilfe, Geld brauchte.

Og han fant seg selv fordi Manuel, gartnerens hjelper, trengte penger.

Das dominante Urtier
Det dominerende urbeistet

In Buck war das dominante Urtier so stark wie eh und je.
Det dominerende urbeistet var like sterkt som alltid i Buck.
Doch das dominante Urtier hatte in ihm geschlummert.
Men det dominerende urbeistet hadde ligget i dvale i ham.
Das Leben auf dem Trail war hart, aber es stärkte das Tier in Buck.
Livet på stiene var hardt, men det styrket dyret inni Buck.
Insgeheim wurde das Biest von Tag zu Tag stärker.
I hemmelighet ble udyret sterkere og sterkere for hver dag.
Doch dieses innere Wachstum blieb der Außenwelt verborgen.
Men den indre veksten forble skjult for omverdenen.
In Buck baute sich eine stille und ruhige Urkraft auf.
En stille og rolig urkraft bygde seg opp inni Buck.
Neue Gerissenheit verlieh Buck Gleichgewicht, Ruhe und Selbstbeherrschung.
Ny list ga Buck balanse, rolig kontroll og holdning.
Buck konzentrierte sich sehr auf die Anpassung und fühlte sich nie völlig entspannt.
Buck fokuserte hardt på å tilpasse seg, og følte seg aldri helt avslappet.
Er ging Konflikten aus dem Weg, fing nie Streit an und suchte auch nie Ärger.
Han unngikk konflikter, startet aldri slåsskamper eller søkte bråk.
Jede Bewegung von Buck war von langsamer, stetiger Nachdenklichkeit geprägt.
En langsom, jevn omtanke formet hver eneste bevegelse av Buck.
Er vermied überstürzte Entscheidungen und plötzliche, rücksichtslose Entschlüsse.
Han unngikk forhastede valg og plutselige, hensynsløse avgjørelser.

Obwohl Buck Spitz zutiefst hasste, zeigte er ihm gegenüber keine Aggression.

Selv om Buck hatet Spitz dypt, viste han ham ingen aggresjon.

Buck hat Spitz nie provoziert und sein Verhalten zurückhaltend gehalten.

Buck provoserte aldri Spitz, og holdt handlingene sine tilbakeholdne.

Spitz hingegen spürte die wachsende Gefahr, die von Buck ausging.

Spitz, derimot, ante den økende faren i Buck.

Er sah in Buck eine Bedrohung und eine ernsthafte Herausforderung seiner Macht.

Han så på Buck som en trussel og en alvorlig utfordring mot sin makt.

Er nutzte jede Gelegenheit, um zu knurren und seine scharfen Zähne zu zeigen.

Han benyttet enhver anledning til å knurre og vise frem de skarpe tennene sine.

Er versuchte, den tödlichen Kampf zu beginnen, der bevorstand.

Han prøvde å starte den dødelige kampen som måtte komme.

Schon zu Beginn der Reise wäre es beinahe zu einem Streit zwischen ihnen gekommen.

Tidlig på turen holdt det på å brøt ut en slåsskamp mellom dem.

Doch ein unerwarteter Unfall verhinderte den Kampf.

Men en uventet ulykke stoppet kampen.

An diesem Abend schlugen sie ihr Lager am bitterkalten Lake Le Barge auf.

Den kvelden slo de leir ved den bitende kalde innsjøen Le Barge.

Es schneite heftig und der Wind war schneidend wie ein Messer.

Snøen falt kraftig, og vinden skar som en kniv.

Die Nacht war zu schnell hereingebrochen und Dunkelheit umgab sie.

Natten kom altfor fort, og mørket omsluttet dem.

Sie hätten sich kaum einen schlechteren Ort zum Ausruhen aussuchen können.

De kunne knapt ha valgt et verre sted for hvile.

Die Hunde suchten verzweifelt nach einem Platz zum Hinlegen.

Hundene lette desperat etter et sted å ligge.

Hinter der kleinen Gruppe erhob sich steil eine hohe Felswand.

En høy fjellvegg reiste seg bratt bak den lille gruppen.

Das Zelt wurde in Dyea zurückgelassen, um die Last zu erleichtern.

Teltet hadde blitt etterlatt i Dyea for å lette byrden.

Ihnen blieb nichts anderes übrig, als das Feuer auf dem Eis selbst zu machen.

De hadde ikke noe annet valg enn å lage bålet på selve isen.

Sie breiten ihre Schlafmäntel direkt auf dem zugefrorenen See aus.

De spredte sovekåpene sine rett på den frosne innsjøen.

Ein paar Stücke Treibholz gaben ihnen ein wenig Feuer.

Noen få drivvedstokker ga dem litt ild.

Doch das Feuer wurde auf dem Eis entfacht und taute hindurch.

Men ilden ble tent på isen, og tint gjennom den.

Schließlich aßen sie ihr Abendessen im Dunkeln.

Til slutt spiste de kveldsmaten sin i mørket.

Buck rollte sich neben dem Felsen zusammen, geschützt vor dem kalten Wind.

Buck krøllet seg sammen ved siden av steinen, ly for den kalde vinden.

Der Platz war so warm und sicher, dass Buck es hasste, wegzugehen.

Stedet var så varmt og trygt at Buck hatet å flytte seg vekk.

Aber François hatte den Fisch aufgewärmt und verteilte die Rationen.

Men François hadde varmet fisken og delte ut rasjoner.

Buck aß schnell fertig und ging zurück in sein Bett.

Buck ble raskt ferdig med å spise og gikk tilbake til sengen sin.

Aber Spitz lag jetzt dort, wo Buck sein Bett gemacht hatte.

Men Spitz lå nå der Buck hadde redd opp sengen sin.

Ein leises Knurren warnte Buck, dass Spitz sich weigerte, sich zu bewegen.

Et lavt knurr advarte Buck om at Spitz nektet å røre seg.

Bisher hatte Buck diesen Kampf mit Spitz vermieden.

Frem til nå hadde Buck unngått denne kampen med Spitz.

Doch tief in Bucks Innerem brach das Biest schließlich aus.

Men dypt inne i Buck brøt udyret endelig løs.

Der Diebstahl seines Schlafplatzes war zu viel für ihn.

Tyveriet av soveplassen hans var for mye å tolerere.

Buck stürzte sich voller Wut und Zorn auf Spitz.

Buck kastet seg mot Spitz, full av sinne og raseri.

Bis jetzt hatte Spitz gedacht, Buck sei bloß ein großer Hund.

Frem til nå hadde Spitz trodd at Buck bare var en stor hund.

Er glaubte nicht, dass Buck durch seinen Geist überlebt hatte.

Han trodde ikke Buck hadde overlevd gjennom ånden sin.

Er erwartete Angst und Feigheit, nicht Wut und Rache.

Han forventet frykt og feighet, ikke raseri og hevn.

François starrte die beiden Hunde an, als sie aus dem zerstörten Nest stürmten.

François stirret mens begge hundene braste ut av det ødelagte reiret.

Er verstand sofort, was den wilden Kampf ausgelöst hatte.

Han forsto med en gang hva som hadde startet den ville kampen.

„Aa-ah!", rief François, um dem braunen Hund zuzujubeln.

«Aa-ah!» ropte François til støtte for den brune hunden.

„Verprügelt ihn! Bei Gott, bestraft diesen hinterhältigen Dieb!"

«Gi ham juling! Ved Gud, straff den lumske tyven!»

Spitz zeigte gleichermaßen Bereitschaft und wilden Kampfeswillen.

Spitz viste like stor beredskap og vill iver etter å kjempe.

Er schrie wütend auf, während er schnell im Kreis kreiste und nach einer Öffnung suchte.

Han ropte ut i raseri mens han sirklet raskt og lette etter en åpning.

Buck zeigte den gleichen Kampfeshunger und die gleiche Vorsicht.

Buck viste den samme kamplysten og den samme forsiktigheten.

Auch er umkreiste seinen Gegner und versuchte, im Kampf die Oberhand zu gewinnen.

Han sirklet også rundt motstanderen sin i et forsøk på å få overtaket i kampen.

Dann geschah etwas Unerwartetes und veränderte alles.

Så skjedde det noe uventet og forandret alt.

Dieser Moment verzögerte den letztendlichen Kampf um die Führung.

Det øyeblikket forsinket den endelige kampen om lederskapet.

Bis zum Ende warteten noch viele Meilen voller Mühe und Anstrengung.

Mange kilometer med stier og kamp ventet fortsatt før slutten.

Perrault stieß einen Fluch aus, als eine Keule auf Knochen schlug.

Perrault ropte en ed mens en kølle slo mot et bein.

Es folgte ein scharfer Schmerzensschrei, dann brach überall Chaos aus.

Et skarpt smertehyl fulgte, deretter eksploderte kaos rundt omkring.

Dunkle Gestalten bewegten sich im Lager; wilde Huskys, ausgehungert und wild.

Mørke skikkelser beveget seg i leiren; ville huskyer, sultne og hissige.

Vier oder fünf Dutzend Huskys hatten das Lager von weitem erschnüffelt.

Fire eller fem dusin huskyer hadde snust på leiren langveisfra.

Sie hatten sich leise hineingeschlichen, während die beiden Hunde in der Nähe kämpften.

De hadde sneket seg stille inn mens de to hundene sloss i nærheten.

François und Perrault griffen an und schwangen Knüppel auf die Eindringlinge.

François og Perrault angrep inntrengerne og svingte køller.

Die ausgehungerten Huskies zeigten ihre Zähne und wehrten sich rasend.

De sultende huskyene viste tenner og kjempet tilbake i vanvidd.

Der Geruch von Fleisch und Brot hatte sie alle Angst vertreiben lassen.

Lukten av kjøtt og brød hadde drevet dem over all frykt.

Perrault schlug einen Hund, der seinen Kopf in der Fresskiste vergraben hatte.

Perrault slo en hund som hadde begravd hodet sitt i matkassen.

Der Schlag war hart, die Schachtel kippte um und das Essen quoll heraus.

Slaget traff hardt, esken veltet, og maten rant ut.

Innerhalb von Sekunden rissen sich zwanzig wilde Tiere über das Brot und das Fleisch her.

I løpet av sekunder rev en rekke ville dyr seg i brødet og kjøttet.

Die Keulen der Männer landeten Schlag auf Schlag, doch kein Hund ließ nach.

Herreklubbene landet slag etter slag, men ingen hund snudde seg.

Sie schrien vor Schmerz, kämpften aber, bis kein Futter mehr übrig war.

De hylte av smerte, men kjempet til det ikke var mat igjen.

Inzwischen waren die Schlittenhunde aus ihren verschneiten Betten gesprungen.

I mellomtiden hadde sledehundene hoppet opp fra de snødekte sengene sine.

Sie wurden sofort von den bösartigen, hungrigen Huskys angegriffen.

De ble umiddelbart angrepet av de ondsinnede sultne huskyene.

Buck hatte noch nie zuvor so wilde und ausgehungerte Tiere gesehen.

Buck hadde aldri sett så ville og sultne skapninger før.

Ihre Haut hing lose und verbarg kaum ihr Skelett.

Huden deres hang løs og skjulte så vidt skjelettene.

In ihren Augen brannte ein Feuer aus Hunger und Wahnsinn

Det var en ild i øynene deres, fra sult og galskap

Sie waren nicht aufzuhalten, ihrem wilden Ansturm war kein Widerstand zu leisten.

Det var ingen som kunne stoppe dem; ingen kunne motstå deres ville fremmarsj.

Die Schlittenhunde wurden zurückgedrängt und gegen die Felswand gedrückt.

Sledehundene ble dyttet tilbake, presset mot klippeveggen.

Drei Huskies griffen Buck gleichzeitig an und rissen ihm das Fleisch auf.

Tre huskyer angrep Buck samtidig og rev ham i kjøttet.

Aus den Schnittwunden an seinem Kopf und seinen Schultern strömte Blut.

Blod strømmet fra hodet og skuldrene hans, der han hadde blitt kuttet.

Der Lärm erfüllte das Lager: Knurren, Jaulen und Schmerzensschreie.

Støyen fylte leiren; knurring, hyling og smerteskrik.

Billee weinte wie immer laut, gefangen im Kampf und in der Panik.

Billee gråt høyt, som vanlig, fanget i striden og panikken.

Dave und Solleks standen Seite an Seite, blutend, aber trotzig.

Dave og Solleks sto side om side, blødende, men trassige.

Joe kämpfte wie ein Dämon und biss alles, was ihm zu nahe kam.

Joe kjempet som en demon og bet alt som kom i nærheten.

Mit einem brutalen Schnappen seines Kiefers zerquetschte er das Bein eines Huskys.

Han knuste et bein på en husky med et brutalt knekk med kjevene.

Pike sprang auf den verletzten Husky und brach ihm sofort das Genick.

Gjedde hoppet opp på den sårede huskyen og brakk nakken dens momentant.

Buck packte einen Husky an der Kehle und riss ihm die Ader auf.

Buck tok tak i halsen på en husky og rev gjennom en vene.

Blut spritzte und der warme Geschmack trieb Buck in Raserei.

Blod sprutet, og den varme smaken gjorde Buck rasende.

Ohne zu zögern stürzte er sich auf einen anderen Angreifer.

Han kastet seg mot en annen angriper uten å nøle.

Im selben Moment gruben sich scharfe Zähne in Bucks Kehle.

I samme øyeblikk gravde skarpe tenner seg inn i Bucks egen hals.

Spitz hatte von der Seite zugeschlagen und ohne Vorwarnung angegriffen.

Spitz hadde slått til fra siden og angrepet uten forvarsel.

Perrault und François hatten die Hunde besiegt, die das Futter stahlen.

Perrault og François hadde beseiret hundene som stjal maten.

Nun eilten sie ihren Hunden zu Hilfe, um die Angreifer abzuwehren.

Nå skyndte de seg for å hjelpe hundene sine med å slå tilbake angriperne.

Die ausgehungerten Hunde zogen sich zurück, als die Männer ihre Keulen schwangen.

De sultende hundene trakk seg tilbake mens mennene svingte køllene sine.

Buck konnte sich dem Angriff befreien, doch die Flucht war nur von kurzer Dauer.

Buck brøt seg løs fra angrepet, men flukten var kort.

Die Männer rannten los, um ihre Hunde zu retten, und die Huskies kamen erneut zum Vorschein.

Mennene løp for å redde hundene sine, og huskyene svermet igjen.

Billee, der aus Angst Mut fasste, sprang in die Hundemeute.

Billee, skremt til tapperhet, hoppet inn i hundeflokken.

Doch dann floh er in blanker Angst und Panik über das Eis.

Men så flyktet han over isen, i rå redsel og panikk.

Pike und Dub folgten dicht dahinter und rannten um ihr Leben.

Pike og Dub fulgte tett etter og løp for livet.

Der Rest des Teams löste sich auf, zerstreute sich und folgte ihnen.

Resten av laget brøt ut og spredte seg, og fulgte etter dem.

Buck nahm all seine Kräfte zusammen, um loszurennen, doch dann sah er einen Blitz.

Buck samlet krefter for å løpe, men så et glimt.

Spitz stürzte sich auf Buck und versuchte, ihn zu Boden zu schlagen.

Spitz kastet seg bort til Buck og prøvde å slå ham i bakken.

Unter dieser Meute von Huskys hätte Buck nicht entkommen können.

Under den flokken med huskyer ville Buck ikke hatt noen fluktmulighet.

Aber Buck blieb standhaft und wappnete sich für den Schlag von Spitz.

Men Buck sto urokkelig og forberedte seg på slaget fra Spitz.

Dann drehte er sich um und rannte mit dem fliehenden Team auf das Eis hinaus.

Så snudde han seg og løp ut på isen med det flyktende teamet.

Später versammelten sich die neun Schlittenhunde im Schutz des Waldes.

Senere samlet de ni sledehundene seg i ly av skogen.

Niemand verfolgte sie mehr, aber sie waren geschlagen und verwundet.

Ingen jaget dem lenger, men de ble forslått og såret.

Jeder Hund hatte Wunden; vier oder fünf tiefe Schnitte an jedem Körper.

Hver hund hadde sår; fire eller fem dype kutt på hver kropp.

Dub hatte ein verletztes Hinterbein und konnte kaum noch laufen.

Dub hadde et skadet bakbein og slet med å gå nå.

Dolly, der neueste Hund aus Dyea, hatte eine aufgeschlitzte Kehle.

Dolly, den nyeste hunden fra Dyea, hadde en overskåret hals.

Joe hatte ein Auge verloren und Billees Ohr war in Stücke geschnitten

Joe hadde mistet et øye, og Billees øre var kuttet i stykker.

Alle Hunde schrien die ganze Nacht vor Schmerz und Niederlage.

Alle hundene gråt av smerte og nederlag gjennom natten.

Im Morgengrauen krochen sie wund und gebrochen zurück ins Lager.

Ved daggry krøp de tilbake til leiren, støle og ødelagte.

Die Huskies waren verschwunden, aber der Schaden war angerichtet.

Huskiene var forsvunnet, men skaden var skjedd.

Perrault und François standen schlecht gelaunt vor der Ruine.

Perrault og François sto i dårlig humør over ruinene.

Die Hälfte der Lebensmittel war verschwunden und von den hungrigen Dieben geschnappt worden.

Halvparten av maten var borte, stjålet av de sultne tyvene.

Die Huskies hatten Schlittenbindungen und Planen zerrissen.

Huskiene hadde revet seg gjennom sledebindinger og kalesje.

Alles, was nach Essen roch, wurde vollständig verschlungen.

Alt som luktet av mat hadde blitt fullstendig fortært.

Sie aßen ein Paar von Perraults Reisestiefeln aus Elchleder.

De spiste et par av Perraults reisestøvler av elgskinn.

Sie zerkauten Lederreis und ruinierten Riemen, sodass sie nicht mehr verwendet werden konnten.

De tygde på lærreiser og ødela stropper som ikke kunne brukes.

François hörte auf, auf die zerrissene Peitsche zu starren, um nach den Hunden zu sehen.

François sluttet å stirre på den avrevne vippen for å sjekke hundene.

„Ah, meine Freunde", sagte er mit leiser, besorgter Stimme.

«Å, mine venner», sa han med lav stemme og fylt av bekymring.

„Vielleicht verwandeln euch all diese Bisse in tollwütige Tiere."

«Kanskje alle disse bittene vil gjøre dere til gale beist.»

„Vielleicht alles tollwütige Hunde, heiliger Scheiß! Was meinst du, Perrault?"

«Kanskje alle gale hunder, hellige! Hva synes du, Perrault?»

Perrault schüttelte den Kopf, seine Augen waren dunkel vor Sorge und Angst.

Perrault ristet på hodet, øynene var mørke av bekymring og frykt.

Zwischen ihnen und Dawson lagen noch sechshundertvierzig Kilometer.

Fire hundre mil lå fortsatt mellom dem og Dawson.

Der Hundewahnsinn könnte nun jede Überlebenschance zerstören.

Hundegalskapen nå kan ødelegge enhver sjanse for å overleve.

Sie verbrachten zwei Stunden damit, zu fluchen und zu versuchen, die Ausrüstung zu reparieren.

De brukte to timer på å banne og prøve å fikse utstyret.

Das verwundete Team verließ schließlich gebrochen und besiegt das Lager.

Det sårede laget forlot endelig leiren, knust og beseiret.

Dies war der bisher schwierigste Weg und jeder Schritt war schmerzhaft.

Dette var den vanskeligste løypa hittil, og hvert skritt var smertefullt.

Der Thirty Mile River war nicht zugefroren und rauschte wild.

Thirty Mile-elven hadde ikke frosset til frosset, og fosser vilt.

Nur an ruhigen Stellen und in wirbelnden Wirbeln konnte das Eis halten.

Bare i rolige steder og virvlende strømvirvler klarte isen å holde seg.

Sechs Tage harter Arbeit vergingen, bis die dreißig Meilen geschafft waren.

Seks dager med hardt arbeid gikk før de tretti milene var unnagjort.

Jeder Kilometer des Weges barg Gefahren und Todesgefahr.

Hver kilometer av stien medførte fare og trussel om død.

Die Männer und Hunde riskierten mit jedem schmerzhaften Schritt ihr Leben.

Mennene og hundene risikerte livet med hvert smertefulle skritt.

Perrault durchbrach ein Dutzend Mal dünne Eisbrücken.

Perrault brøt gjennom tynne isbroer et dusin forskjellige ganger.

Er trug eine Stange und ließ sie über das Loch fallen, das sein Körper hinterlassen hatte.

Han bar en stang og lot den falle over hullet kroppen hans laget.

Mehr als einmal rettete diese Stange Perrault vor dem Ertrinken.

Mer enn én gang reddet den stangen Perrault fra å drukne.

Die Kältewelle hielt an, die Lufttemperatur lag bei minus fünfzig Grad.

Kuldeperioden holdt seg fast, luften var femti minusgrader.

Jedes Mal, wenn er hineinfiel, musste Perrault ein Feuer anzünden, um zu überleben.

Hver gang han falt i, måtte Perrault tenne et bål for å overleve.

Nasse Kleidung gefror schnell, also trocknete er sie in der Nähe der sengenden Hitze.

Våte klær frøs fort, så han tørket dem i nærheten av brennende hete.

Perrault hatte nie Angst und das machte ihn zu einem Kurier.

Perrault var aldri fryktsom, og det gjorde ham til kurér.

Er wurde für die Gefahr auserwählt und begegnete ihr mit stiller Entschlossenheit.

Han ble valgt for fare, og han møtte den med stille besluttsomhet.

Er drängte sich gegen den Wind vorwärts, sein runzliges Gesicht war erfroren.

Han presset seg frem mot vinden, det innskrumpede ansiktet hans forfrosset.

Von der Morgendämmerung bis zum Einbruch der Nacht führte Perrault sie weiter.

Fra svak daggry til nattesøvn ledet Perrault dem videre.

Er ging auf einer schmalen Eiskante, die bei jedem Schritt knackte.

Han gikk på smal randis som sprakk for hvert skritt.

Sie wagten nicht, anzuhalten – jede Pause hätte das Risiko eines tödlichen Zusammenbruchs bedeutet.

De turte ikke stoppe – hver pause risikerte et dødelig kollaps.

Einmal brach der Schlitten durch und zog Dave und Buck hinein.

En gang brøt sleden gjennom og dro Dave og Buck inn.

Als sie freigezogen wurden, waren beide fast erfroren.

Da de ble dratt løs, var begge nesten forfrosne.

Die Männer machten schnell ein Feuer, um Buck und Dave am Leben zu halten.

Mennene tente raskt et bål for å holde Buck og Dave i live.

Die Hunde waren von der Nase bis zum Schwanz mit Eis bedeckt und steif wie geschnitztes Holz.

Hundene var dekket av is fra snute til hale, stive som utskåret treverk.

Die Männer ließen sie in der Nähe des Feuers im Kreis laufen, um ihre Körper aufzutauen.

Mennene løp med dem i sirkler nær bålet for å tine kroppene deres.

Sie kamen den Flammen so nahe, dass ihr Fell versengt wurde.

De kom så nær flammene at pelsen deres ble svidd.

Als nächster durchbrach Spitz das Eis und zog das Team hinter sich her.

Deretter brøt Spitz gjennom isen og dro med seg spannet etter seg.

Der Bruch reichte bis zu der Stelle, an der Buck zog.

Bruddet nådde helt opp til der Buck dro.

Buck lehnte sich weit zurück, seine Pfoten rutschten und zitterten auf der Kante.

Buck lente seg hardt tilbake, potene skled og skalv på kanten.

Dave streckte sich ebenfalls nach hinten, direkt hinter Buck auf der Leine.

Dave spente seg også bakover, rett bak Buck på linjen.

François zog den Schlitten, seine Muskeln knackten vor Anstrengung.

François halte på sleden, musklene hans knaket av anstrengelse.

Ein anderes Mal brach das Randeis vor und hinter dem Schlitten.

En annen gang sprakk randisen foran og bak sleden.

Sie hatten keinen anderen Ausweg, als eine gefrorene Felswand zu erklimmen.

De hadde ingen annen utvei enn å klatre opp en frossen klippevegg.

Perrault schaffte es irgendwie, die Mauer zu erklimmen; wie durch ein Wunder blieb er am Leben.

Perrault klatret på en eller annen måte opp veggen; et mirakel holdt ham i live.

François blieb unten und betete um dasselbe Glück.

François ble værende nedenfor og ba om den samme typen flaks.

Sie banden jeden Riemen, jede Zurrschnur und jede Leine zu einem langen Seil zusammen.

De bandt sammen hver stropp, surring og skinne til ett langt tau.

Die Männer zogen jeden Hund einzeln nach oben.

Mennene halte hver hund opp, én om gangen, til toppen.

François kletterte als Letzter, nach dem Schlitten und der gesamten Ladung.

François klatret sist, etter sleden og hele lasten.

Dann begann eine lange Suche nach einem Weg von den Klippen hinunter.

Så startet en lang leting etter en sti ned fra klippene.

Schließlich stiegen sie mit demselben Seil ab, das sie selbst hergestellt hatten.

De kom seg endelig ned med det samme tauet de hadde laget.

Es wurde Nacht, als sie erschöpft und wund zum Flussbett zurückkehrten.

Natten falt på da de vendte tilbake til elveleiet, utmattede og støle.

Der ganze Tag hatte ihnen nur eine Viertelmeile Gewinn eingebracht.

De hadde brukt en hel dag på å tilbakelegge bare en kvart mil.

Als sie das Hootalinqua erreichten, war Buck erschöpft.

Da de nådde Hootalinqua, var Buck utslitt.

Die anderen Hunde litten ebenso sehr unter den Bedingungen auf dem Trail.

De andre hundene led like mye av forholdene på løypa.

Aber Perrault musste Zeit gutmachen und trieb sie jeden Tag weiter an.

Men Perrault trengte å hente seg inn tid, og presset dem på hver dag.

Am ersten Tag reisten sie dreißig Meilen nach Big Salmon.

Den første dagen reiste de tretti mil til Big Salmon.

Am nächsten Tag reisten sie fünfunddreißig Meilen nach Little Salmon.

Neste dag reiste de 55 kilometer til Little Salmon.

Am dritten Tag kämpften sie sich durch sechzig Kilometer lange, eisige Strecken.

På den tredje dagen presset de seg gjennom førti lange, frosne mil.

Zu diesem Zeitpunkt näherten sie sich der Siedlung Five Fingers.

Da nærmet de seg bosetningen Five Fingers.

Bucks Füße waren weicher als die harten Füße der einheimischen Huskys.

Bucks føtter var mykere enn de harde føttene til innfødte huskyer.

Seine Pfoten waren im Laufe vieler zivilisierter Generationen zart geworden.

Potene hans hadde blitt møre gjennom mange siviliserte generasjoner.

Vor langer Zeit wurden seine Vorfahren von Flussmännern oder Jägern gezähmt.

For lenge siden hadde forfedrene hans blitt temmet av elvemenn eller jegere.

Jeden Tag humpelte Buck unter Schmerzen und ging auf wunden, schmerzenden Pfoten.

Hver dag haltet Buck av smerter og gikk på såre, verkende poter.

Im Lager fiel Buck wie eine leblose Gestalt in den Schnee.

I leiren falt Buck ned som en livløs skikkelse på snøen.

Obwohl Buck am Verhungern war, stand er nicht auf, um sein Abendessen einzunehmen.

Selv om Buck var sulten, sto han ikke opp for å spise kveldsmåltidet.

François brachte Buck seine Ration und legte ihm Fisch neben die Schnauze.

François brakte Buck rasjonen sin og la fisk ved mulen hans.

Jeden Abend massierte der Fahrer Bucks Füße eine halbe Stunde lang.

Hver natt gned sjåføren Bucks føtter i en halvtime.

François hat sogar seine eigenen Mokassins zerschnitten, um daraus Hundeschuhe zu machen.

François klippet til og med opp sine egne mokkasiner for å lage hundesko.

Vier warme Schuhe waren für Buck eine große und willkommene Erleichterung.

Fire varme sko ga Buck en stor og kjærkommen lettelse.

Eines Morgens vergaß François die Schuhe und Buck weigerte sich aufzustehen.

En morgen glemte François skoene, og Buck nektet å stå opp.

Buck lag auf dem Rücken, die Füße in der Luft, und wedelte mitleiderregend damit herum.

Buck lå på ryggen med føttene i været, og viftet ynkelig med dem.

Sogar Perrault grinste beim Anblick von Bucks dramatischer Bitte.

Selv Perrault smilte bredt ved synet av Bucks dramatiske bønnfallelse.

Bald wurden Bucks Füße hart und die Schuhe konnten weggeworfen werden.

Snart ble Bucks føtter harde, og skoene kunne kastes.

In Pelly stieß Dolly beim Angeschirrtwerden ein schreckliches Heulen aus.

Ved Pelly, under seletiden, slapp Dolly ut et forferdelig hyl.

Der Schrei war lang und voller Wahnsinn und erschütterte jeden Hund.

Ropet var langt og fylt av galskap, og rystet hver hund.

Jeder Hund zuckte vor Angst zusammen, ohne den Grund zu kennen.

Hver hund vred seg i frykt uten å vite årsaken.

Dolly war verrückt geworden und stürzte sich direkt auf Buck.

Dolly hadde blitt gal og kastet seg rett mot Buck.

Buck hatte noch nie Wahnsinn gesehen, aber sein Herz war von Entsetzen erfüllt.

Buck hadde aldri sett galskap, men redsel fylte hjertet hans.

Ohne nachzudenken, drehte er sich um und floh in absoluter Panik.

Uten å tenke seg om, snudde han seg og flyktet i full panikk.

Dolly jagte ihm hinterher, ihre Augen waren wild, Speichel spritzte aus ihrem Maul.

Dolly jaget ham, med ville øyne, og spytt som flydde fra kjevene hennes.

Sie blieb direkt hinter Buck, holte nie auf und fiel nie zurück.

Hun holdt seg rett bak Buck, uten å vinne inn og uten å falle tilbake.

Buck rannte durch den Wald, die Insel hinunter und über zerklüftetes Eis.

Buck løp gjennom skogen, nedover øya, over taggete is.

Er überquerte die Insel und erreichte eine weitere, bevor er im Kreis zurück zum Fluss ging.

Han krysset til en øy, deretter en annen, og gikk i sirkel tilbake til elven.

Dolly jagte ihn immer noch und knurrte ihn bei jedem Schritt an.

Dolly jaget ham fortsatt, knurringen hennes tett bak henne ved hvert skritt.

Buck konnte ihren Atem und ihre Wut hören, obwohl er es nicht wagte, zurückzublicken.

Buck kunne høre pusten og raseriet hennes, selv om han ikke turte å se seg tilbake.

François rief aus der Ferne und Buck drehte sich in die Richtung der Stimme um.

François ropte langveisfra, og Buck snudde seg mot stemmen.

Immer noch nach Luft schnappend rannte Buck vorbei und setzte seine ganze Hoffnung auf François.

Fortsatt gispet etter luft løp Buck forbi og satte all sin lit til François.

Der Hundeführer hob eine Axt und wartete, während Buck vorbeiflog.

Hundeføreren hevet en øks og ventet mens Buck fløy forbi.

Die Axt kam schnell herunter und traf Dollys Kopf mit tödlicher Wucht.

Øksen falt raskt ned og traff Dollys hode med dødelig kraft.

Buck brach neben dem Schlitten zusammen, keuchte und konnte sich nicht bewegen.

Buck kollapset nær sleden, hvesende i pusten og ute av stand til å røre seg.

In diesem Moment hatte Spitz die Chance, einen erschöpften Gegner zu schlagen.

Det øyeblikket ga Spitz sjansen til å angripe en utmattet fiende.

Zweimal biss er Buck und riss das Fleisch bis auf den weißen Knochen auf.

To ganger bet han Buck og rev kjøttet ned til det hvite beinet.

François' Peitsche knallte und traf Spitz mit voller, wütender Wucht.

François' pisk sprakk og traff Spitz med full, voldsom kraft.

Buck sah mit Freude zu, wie Spitz seine bisher härteste Tracht Prügel bekam.

Buck så med glede på mens Spitz fikk sin hardeste juling hittil.

„Er ist ein Teufel, dieser Spitz", murmelte Perrault düster vor sich hin.

«Han er en djevel, den Spitzen», mumlet Perrault dystert for seg selv.

„Eines Tages wird dieser verfluchte Hund Buck töten – das schwöre ich."

«En dag snart vil den forbannede hunden drepe Buck – jeg sverger på det.»

„Dieser Buck hat zwei Teufel in sich", antwortete François mit einem Nicken.

«Den Buck har to djevler i seg», svarte François med et nikk.

„Wenn ich Buck beobachte, weiß ich, dass etwas Wildes in ihm lauert."

«Når jeg ser på Buck, vet jeg at noe voldsomt venter i ham.»

„Eines Tages wird er rasend vor Wut werden und Spitz in Stücke reißen."

«En dag blir han gal som ild og river Spitz i stykker.»

„Er wird den Hund zerkauen und ihn auf den gefrorenen Schnee spucken."

«Han kommer til å tygge på hunden og spytte ham på den frosne snøen.»

„Das weiß ich ganz sicher tief in meinem Innern."

«Javisst, jeg vet dette innerst inne.»

Von diesem Moment an befanden sich die beiden Hunde im Krieg.

Fra det øyeblikket og utover var de to hundene låst i en krig.

Spitz führte das Team an und hatte die Macht, aber Buck stellte das in Frage.

Spitz ledet laget og hadde makten, men Buck utfordret det.

Spitz sah seinen Rang durch diesen seltsamen Fremden aus dem Süden bedroht.

Spitz så sin rang truet av denne merkelige fremmede fra Sørlandet.

Buck war anders als alle Südstaatenhunde, die Spitz zuvor gekannt hatte.

Buck var ulik noen annen sørstatshund Spitz hadde kjent før.

Die meisten von ihnen scheiterten – sie waren zu schwach, um Kälte und Hunger zu überleben.

De fleste av dem mislyktes – for svake til å overleve kulde og sult.

Sie starben schnell unter der harten Arbeit, dem Frost und der langsamen Hungersnot.

De døde raskt under arbeid, frost og hungersnødens langsomme svirring.

Buck stand abseits – mit jedem Tag stärker, klüger und wilder.

Buck skilte seg ut – sterkere, smartere og villere for hver dag.

Er gedieh trotz aller Härte und wuchs heran, bis er den nördlichen Huskies ebenbürtig war.

Han trivdes med vanskeligheter og vokste opp til å matche de nordlige huskyene.

Buck hatte Kraft, wilde Geschicklichkeit und einen geduldigen, tödlichen Instinkt.

Buck hadde styrke, vill dyktighet og et tålmodig, dødelig instinkt.

Der Mann mit der Keule hatte Buck die Unbesonnenheit ausgetrieben.

Mannen med køllen hadde slått ut ubetenksomheten av Buck.

Die blinde Wut war verschwunden und durch stille Gerissenheit und Kontrolle ersetzt worden.

Blind raseri var borte, erstattet av stille list og kontroll.

Er wartete ruhig und ursprünglich und wartete auf den richtigen Moment.

Han ventet, rolig og primal, og ventet på det rette øyeblikket.

Ihr Kampf um die Vorherrschaft wurde unvermeidlich und deutlich.

Kampen deres om kommandoen ble uunngåelig og tydelig.

Buck strebte nach einer Führungsposition, weil sein Geist es verlangte.

Buck ønsket lederskap fordi hans ånd krevde det.

Er wurde von dem seltsamen Stolz getrieben, der aus der Jagd und dem Geschirr entstand.

Han ble drevet av den merkelige stoltheten født av sti og seletøy.

Dieser Stolz ließ die Hunde ziehen, bis sie im Schnee zusammenbrachen.

Den stoltheten fikk hunder til å dra til de kollapset i snøen.

Der Stolz verleitete sie dazu, all ihre Kraft einzusetzen.

Stolthet lokket dem til å gi all den styrken de hadde.

Stolz kann einen Schlittenhund sogar in den Tod treiben.

Stolthet kan lokke en sledehund til og med døden.

Der Verlust des Geschirrs ließ die Hunde gebrochen und ziellos zurück.

Å miste selen gjorde at hundene ble ødelagte og uten mening.

Das Herz eines Schlittenhundes kann vor Scham brechen, wenn er in den Ruhestand geht.

En sledehunds hjerte kan bli knust av skam når den pensjonerer seg.

Dave lebte von diesem Stolz, während er den Schlitten hinter sich herzog.

Dave levde av den stoltheten mens han dro sleden bakfra.

Auch Solleks gab mit grimmiger Stärke und Loyalität alles.

Solleks ga også alt med dyster styrke og lojalitet.

Jeden Morgen verwandelte der Stolz ihre Verbitterung in Entschlossenheit.

Hver morgen forvandlet stoltheten dem fra bitre til besluttsomme.

Sie drängten den ganzen Tag und verstummten dann am Ende des Lagers.

De presset på hele dagen, før de ble stille ved enden av leiren.

Dieser Stolz gab Spitz die Kraft, Drückeberger zur Räson zu bringen.

Den stoltheten ga Spitz styrken til å komme før sherkers inn i rekken.

Spitz fürchtete Buck, weil Buck denselben tiefen Stolz in sich trug.

Spitz fryktet Buck fordi Buck bar den samme dype stoltheten.

Bucks Stolz wandte sich nun gegen Spitz, und er ließ nicht locker.

Bucks stolthet rørte seg nå mot Spitz, og han stoppet ikke.

Buck widersetzte sich Spitz' Macht und hinderte ihn daran, Hunde zu bestrafen.

Buck trosset Spitz' makt og hindret ham i å straffe hunder.

Als andere versagten, stellte sich Buck zwischen sie und ihren Anführer.

Da andre mislyktes, stilte Buck seg mellom dem og lederen deres.

Er tat dies mit Absicht und brachte seine Herausforderung offen und deutlich zum Ausdruck.

Han gjorde dette med hensikt, og gjorde utfordringen sin åpen og tydelig.

In einer Nacht hüllte schwerer Schnee die Welt in tiefe Stille.

En natt la tung snøfall dyp stillhet over verden.

Am nächsten Morgen stand Pike, faul wie immer, nicht zur Arbeit auf.

Neste morgen sto ikke Pike opp for å gå på jobb, lat som alltid.

Er blieb in seinem Nest unter einer dicken Schneeschicht verborgen.

Han holdt seg gjemt i reiret sitt under et tykt lag med snø.

François rief und suchte, konnte den Hund jedoch nicht finden.

François ropte og lette, men fant ikke hunden.

Spitz wurde wütend und stürmte durch das schneebedeckte Lager.

Spitz ble rasende og stormet gjennom den snødekte leiren.

Er knurrte und schnüffelte und grub wie verrückt mit flammenden Augen.

Han knurret og snufset, og gravde som vanvittig med flammende øyne.

Seine Wut war so heftig, dass Pike vor Angst unter dem Schnee zitterte.

Raseriet hans var så voldsomt at Pike skalv under snøen av frykt.

Als Pike schließlich gefunden wurde, stürzte sich Spitz auf den versteckten Hund, um ihn zu bestrafen.

Da Pike endelig ble funnet, kastet Spitz seg ut for å straffe hunden som hadde gjemt seg.

Doch Buck sprang mit einer Wut zwischen sie, die Spitz' eigener ebenbürtig war.

Men Buck sprang mellom dem med et raseri likt Spitz' eget.

Der Angriff erfolgte so plötzlich und geschickt, dass Spitz umfiel.

Angrepet var så plutselig og smart at Spitz falt av beina.

Pike, der gezittert hatte, schöpfte aus diesem Trotz neuen Mut.

Pike, som hadde skjelvet, tok mot til seg etter denne trassen.

Er sprang auf den gefallenen Spitz und folgte Bucks mutigem Beispiel.

Han hoppet på den falne Spitzen, og fulgte Bucks dristige eksempel.

Buck, der nicht länger an Fairness gebunden war, beteiligte sich am Angriff auf Spitz.

Buck, ikke lenger bundet av rettferdighet, sluttet seg til streiken på Spitz.

François, amüsiert, aber dennoch diszipliniert, schwang seine schwere Peitsche.

François, underholdt, men likevel disiplinert, svingte sin tunge piskeslag.

Er schlug Buck mit aller Kraft, um den Kampf zu beenden.

Han slo Buck med all sin kraft for å avbryte kampen.

Buck weigerte sich, sich zu bewegen und blieb auf dem gefallenen Anführer sitzen.

Buck nektet å røre seg og ble værende oppå den falne lederen.

Dann benutzte François den Griff der Peitsche und schlug Buck damit heftig.

François brukte deretter piskens håndtak og slo Buck hardt.

Buck taumelte unter dem Schlag und fiel zurück.

Buck sjanglet etter slaget og falt bakover under angrepet.

François schlug immer wieder zu, während Spitz Pike bestrafte.

François slo til igjen og igjen mens Spitz straffet Pike.

Die Tage vergingen und Dawson City kam immer näher.

Dagene gikk, og Dawson City kom nærmere og nærmere.

Buck mischte sich immer wieder ein und schlüpfte zwischen Spitz und andere Hunde.

Buck fortsatte å blande seg inn og gled mellom Spitz og de andre hundene.

Er wählte seine Momente gut und wartete immer darauf, dass François ging.

Han valgte øyeblikkene sine med omhu, og ventet alltid på at François skulle dra.

Bucks stille Rebellion breitete sich aus und im Team breitete sich Unordnung aus.

Bucks stille opprør spredte seg, og uorden slo rot i laget.

Dave und Solleks blieben loyal, andere jedoch wurden widerspenstig.

Dave og Solleks forble lojale, men andre ble uregjerlige.

Die Situation im Team wurde immer schlimmer – es wurde unruhig, streitsüchtig und geriet aus der Reihe.

Laget ble verre – rastløst, kranglete og ute av spill.

Nichts lief mehr reibungslos und es kam immer wieder zu Streit.

Ingenting fungerte knirkefritt lenger, og slåsskamper ble vanlige.

Buck blieb im Zentrum des Chaos und provozierte ständig Unruhe.

Buck forble i kjernen av uroen og provoserte alltid frem uro.

François blieb wachsam, aus Angst vor dem Kampf zwischen Buck und Spitz.

François forble våken, redd for kampen mellom Buck og Spitz.

Jede Nacht wurde er durch Rangeleien geweckt, aus Angst, dass es endlich losgehen würde.

Hver natt vekket han håndgemyr, i frykt for at begynnelsen endelig var kommet.

Er sprang aus seiner Robe, bereit, den Kampf zu beenden.

Han sprang av kappen sin, klar til å avbryte kampen.

Aber der Moment kam nie und sie erreichten schließlich Dawson.

Men øyeblikket kom aldri, og de nådde endelig Dawson.

Das Team betrat die Stadt an einem trüben Nachmittag, angespannt und still.

Teamet kom inn i byen en trist ettermiddag, anspent og stille.

Der große Kampf um die Führung hing noch immer in der eisigen Luft.

Den store kampen om lederskapet hang fortsatt i den frosne luften.

Dawson war voller Männer und Schlittenhunde, die alle mit der Arbeit beschäftigt waren.

Dawson var full av menn og sledehunder, alle travelt opptatt med arbeid.

Buck beobachtete die Hunde von morgens bis abends beim Lastenziehen.

Buck så på hundene mens de dro lass fra morgen til kveld.

Sie transportierten Baumstämme und Brennholz und lieferten Vorräte an die Minen.

De fraktet tømmer og ved, og fraktet forsyninger til gruvene.

Wo früher im Süden Pferde arbeiteten, schufteten heute Hunde.

Der hester en gang arbeidet i Sørlandet, arbeidet nå hunder.

Buck sah einige Hunde aus dem Süden, aber die meisten waren wolfsähnliche Huskys.

Buck så noen hunder fra sør, men de fleste var ulvelignende huskyer.

Nachts erhoben die Hunde pünktlich zum ersten Mal ihre Stimmen zum Singen.

Om natten, som et urverk, hevet hundene stemmene sine i sang.

Um neun, um Mitternacht und erneut um drei begann der Gesang.

Klokken ni, ved midnatt og igjen klokken tre begynte allsangen.

Buck liebte es, in ihren unheimlichen Gesang einzustimmen, der wild und uralt klang.

Buck elsket å bli med på den uhyggelige sangen deres, vill og eldgammel i klang.

Das Polarlicht flammte, die Sterne tanzten und das Land war mit Schnee bedeckt.

Nordlyset flammet, stjernene danset, og snø dekket landet.

Der Gesang der Hunde erhob sich als Aufschrei gegen die Stille und die bittere Kälte.

Hundesangen steg som et rop mot stillhet og bitende kulde.

Doch in jedem langen Ton ihres Heulens war Trauer und nicht Trotz zu hören.

Men ulingen deres inneholdt sorg, ikke trass, i hver lange tone.

Jeder Klageschrei war voller Flehen; die Last des Lebens selbst.

Hvert klagende rop var fullt av bønnfallelse; selve livets byrde.

Dieses Lied war alt – älter als Städte und älter als Feuer

Den sangen var gammel – eldre enn byer, og eldre enn branner

Dieses Lied war sogar älter als die Stimmen der Menschen.

Den sangen var eldre enn menneskestemmer.

Es war ein Lied aus der jungen Welt, als alle Lieder traurig waren.

Det var en sang fra den unge verden, da alle sanger var triste.

Das Lied trug den Kummer unzähliger Hundegenerationen in sich.

Sangen bar med seg sorg fra utallige generasjoner av hunder.

Buck spürte die Melodie tief und stöhnte vor jahrhundertealtem Schmerz.

Buck kjente melodien dypt, stønnet av smerte forankret i tiden.

Er schluchzte aus einem Kummer, der so alt war wie das wilde Blut in seinen Adern.

Han hulket av en sorg like gammel som det ville blodet i årene hans.

Die Kälte, die Dunkelheit und das Geheimnisvolle berührten Bucks Seele.

Kulden, mørket og mystikken berørte Bucks sjel.

Dieses Lied bewies, wie weit Buck zu seinen Ursprüngen zurückgekehrt war.

Den sangen beviste hvor langt Buck hadde vendt tilbake til sine opprinnelser.

Durch Schnee und Heulen hatte er den Anfang seines eigenen Lebens gefunden.

Gjennom snø og hyl hadde han funnet starten på sitt eget liv.

Sieben Tage nach ihrer Ankunft in Dawson brachen sie erneut auf.

Syv dager etter ankomsten til Dawson dro de av gårde igjen.

Das Team verließ die Kaserne und fuhr hinunter zum Yukon Trail.

Laget dro fra brakkene ned til Yukon Trail.

Sie begannen die Rückreise nach Dyea und Salt Water.

De begynte reisen tilbake mot Dyea og Salt Water.

Perrault überbrachte noch dringlichere Depeschen als zuvor.

Perrault hadde med seg meldinger som var enda mer presserende enn før.

Auch ihn packte der Trail-Stolz, und er wollte einen Rekord aufstellen.

Han ble også grepet av løypestolthet og siktet mot å sette rekord.

Diesmal hatte Perrault mehrere Vorteile.

Denne gangen var flere fordeler på Perraults side.

Die Hunde hatten eine ganze Woche lang geruht und ihre Kräfte wiedererlangt.

Hundene hadde hvilt i en hel uke og gjenvunnet kreftene.

Die Spur, die sie gebahnt hatten, wurde nun von anderen festgestampft.

Sporet de hadde brutt var nå hardt pakket av andre.

An manchen Stellen hatte die Polizei Futter für Hunde und Menschen gelagert.

Noen steder hadde politiet lagret mat til både hunder og menn.

Perrault reiste mit leichtem Gepäck und bewegte sich schnell, ohne dass ihn etwas belastete.

Perrault reiste lett, beveget seg raskt med lite som tynget ham ned.

Sie erreichten Sixty-Mile, eine Strecke von achtzig Kilometern, noch in der ersten Nacht.

De nådde Sixty-Mile, en løpetur på åtte kilometer, allerede den første natten.

Am zweiten Tag eilten sie den Yukon hinauf nach Pelly.

Den andre dagen stormet de opp Yukon mot Pelly.

Doch dieser tolle Fortschritt war für François mit vielen Strapazen verbunden.

Men slike fine fremskritt kom med store belastninger for François.

Bucks stille Rebellion hatte die Disziplin des Teams zerstört.

Bucks stille opprør hadde knust lagets disiplin.

Sie zogen nicht mehr wie ein Tier an den Zügeln.

De trakk ikke lenger sammen som ett dyr i tømmene.

Buck hatte durch sein mutiges Beispiel andere zum Trotz verleitet.

Buck hadde ledet andre til trass gjennom sitt modige eksempel.

Spitz' Befehl stieß weder auf Furcht noch auf Respekt.

Spitz' kommando ble ikke lenger møtt med frykt eller respekt.

Die anderen verloren ihre Ehrfurcht vor ihm und wagten es, sich seiner Herrschaft zu widersetzen.

De andre mistet ærefrykten for ham og turte å motstå hans styre.

Eines Nachts stahl Pike einen halben Fisch und aß ihn vor Bucks Augen.

En natt stjal Pike en halv fisk og spiste den rett foran Bucks øyne.

In einer anderen Nacht kämpften Dub und Joe gegen Spitz und blieben ungestraft.

En annen natt kjempet Dub og Joe mot Spitz og gikk ustraffet.

Sogar Billee jammerte weniger süß und zeigte eine neue Schärfe.

Selv Billee klynket mindre søtt og viste ny skarphet.

Buck knurrte Spitz jedes Mal an, wenn sich ihre Wege kreuzten.

Buck glefset til Spitz hver gang de krysset veier.

Bucks Haltung wurde dreist und bedrohlich, fast wie die eines Tyrannen.

Bucks holdning ble dristig og truende, nesten som en bølle.

Mit stolzgeschwellter Brust und voller spöttischer Bedrohung schritt er vor Spitz auf und ab.

Han gikk frem og tilbake foran Spitz med en bravur, full av hånlig trussel.

Dieser Zusammenbruch der Ordnung breitete sich auch unter den Schlittenhunden aus.

Det ordensbruddet spredte seg også blant sledehundene.

Sie stritten und stritten mehr denn je und erfüllten das Lager mit Lärm.

De sloss og kranglet mer enn noensinne, og fylte leiren med støy.

Das Lagerleben verwandelte sich jede Nacht in ein wildes, heulendes Chaos.

Leirlivet forvandlet seg til et vilt, hylende kaos hver natt.

Nur Dave und Solleks blieben ruhig und konzentriert.

Bare Dave og Solleks forble stødige og fokuserte.

Doch selbst sie wurden durch die ständigen Schlägereien ungehalten.

Men selv de ble kort lunte av de konstante slåsskampene.

François fluchte in fremden Sprachen und stampfte frustriert auf.

François bannet på fremmede språk og trampet i frustrasjon.

Er riss sich die Haare aus und schrie, während der Schnee unter seinen Füßen wirbelte.

Han rev seg i håret og ropte mens snøen fløy under føttene.

Seine Peitsche knallte über das Rudel, konnte es aber kaum in Schach halten.

Pisken hans smell over flokken, men holdt dem så vidt på linje.

Immer wenn er sich umdrehte, brachen die Kämpfe erneut aus.

Hver gang han ble vendt ryggen til, brøt kampene ut igjen.

François setzte die Peitsche für Spitz ein, während Buck die Rebellen anführte.

François brukte piskeslaget for Spitz, mens Buck ledet opprørerne.

Jeder kannte die Rolle des anderen, aber Buck vermied jegliche Schuldzuweisungen.

Begge visste hva den andres rolle var, men Buck unngikk enhver skyld.

François hat Buck nie dabei erwischt, wie er eine Schlägerei anfing oder sich vor seiner Arbeit drückte.

François tok aldri Buck på fersken i å starte en slåsskamp eller unnlate jobben sin.

Buck arbeitete hart im Geschirr – die Mühe erfüllte ihn jetzt mit Begeisterung.

Buck jobbet hardt i seletøy – slitet begeistret nå humøret hans.

Doch noch mehr Freude bereitete ihm das Anzetteln von Kämpfen und Chaos im Lager.

Men han fant enda større glede i å skape slåsskamper og kaos i leiren.

Eines Abends schreckte Dub an der Mündung des Tahkeena ein Kaninchen auf.

En kveld ved Tahkeenas munn skremte Dub en kanin.

Er verpasste den Fang und das Schneeschuhkaninchen sprang davon.

Han bommet på fangsten, og trugekaninen sprang av gårde.

Innerhalb von Sekunden nahm das gesamte Schlittenteam unter wildem Geschrei die Verfolgung auf.

I løpet av sekunder satte hele sledeteamet i gang jakten med ville rop.

In der Nähe beherbergte ein Lager der Northwest Police fünfzig Huskys.

I nærheten huset en politileir for det nordvestlige politiet femti huskyhunder.

Sie schlossen sich der Jagd an und stürmten gemeinsam den zugefrorenen Fluss hinunter.

De ble med på jakten, og strømmet nedover den frosne elven sammen.

Das Kaninchen verließ den Fluss und floh in ein gefrorenes Bachbett.

Kaninen svingte av elven og flyktet opp et frossent bekkeleie.

Das Kaninchen hüpfte leichtfüßig über den Schnee, während die Hunde sich durchkämpften.

Kaninen hoppet lett over snøen mens hundene kjempet seg gjennom.

Buck führte das riesige Rudel von sechzig Hunden um jede Kurve.

Buck ledet den enorme flokken på seksti hunder rundt hver sving.

Er drängte tief und eifrig vorwärts, konnte jedoch keinen Boden gutmachen.

Han presset seg fremover, lavt og ivrig, men klarte ikke å vinne terreng.

Bei jedem kraftvollen Sprung blitzte sein Körper im blassen Mondlicht auf.

Kroppen hans glimtet under den bleke månen for hvert kraftige sprang.

Vor uns bewegte sich das Kaninchen wie ein Geist, lautlos und zu schnell, um es einzufangen.

Foran beveget kaninen seg som et spøkelse, stille og for rask til å fange den igjen.

All diese alten Instinkte – der Hunger, der Nervenkitzel – durchströmten Buck.

Alle de gamle instinktene – sulten, spenningen – strømmet gjennom Buck.

Manchmal verspüren Menschen diesen Instinkt und werden dazu getrieben, mit Gewehr und Kugel zu jagen.

Mennesker føler dette instinktet til tider, drevet til å jakte med gevær og kule.

Aber Buck empfand dieses Gefühl auf einer tieferen und persönlicheren Ebene.

Men Buck følte denne følelsen på et dypere og mer personlig nivå.

Sie konnten die Wildnis nicht in ihrem Blut spüren, so wie Buck sie spüren konnte.

De kunne ikke føle villmarken i blodet sitt slik Buck kunne føle den.

Er jagte lebendes Fleisch, bereit, mit seinen Zähnen zu töten und Blut zu schmecken.

Han jaget levende kjøtt, klar til å drepe med tennene og smake blod.

Sein Körper spannte sich vor Freude, er wollte in warmem, rotem Leben baden.

Kroppen hans anstrengte seg av glede, og ville bade i varmt, rødt liv.

Eine seltsame Freude markiert den höchsten Punkt, den das Leben jemals erreichen kann.

En merkelig glede markerer det høyeste punktet livet noen gang kan nå.

Das Gefühl eines Gipfels, bei dem die Lebenden vergessen, dass sie überhaupt am Leben sind.

Følelsen av en topp der de levende glemmer at de i det hele tatt lever.

Diese tiefe Freude berührt den Künstler, der sich in glühender Inspiration verliert.

Denne dype gleden berører kunstneren som er fortapt i flammende inspirasjon.

Diese Freude ergreift den Soldaten, der wild kämpft und keinen Feind verschont.

Denne gleden griper soldaten som kjemper vilt og ikke skåner noen fiende.

Diese Freude erfasste nun Buck, der das Rudel mit seinem Urhunger anführte.

Denne gleden krevde nå Buck idet han ledet flokken i ursult.

Er heulte mit dem uralten Wolfsschrei, aufgeregt durch die lebendige Jagd.

Han hylte med det eldgamle ulveskriket, begeistret av den levende jakten.

Buck hat den ältesten Teil seiner selbst angezapft, der in der Wildnis verloren war.

Buck tappet inn i den eldste delen av seg selv, fortapt i naturen.

Er griff tief in sein Inneres, in die Vergangenheit, in die raue, uralte Zeit.

Han nådde dypt inn i sitt indre, i tidligere minner, inn i rå, eldgammel tid.

Eine Welle puren Lebens durchströmte jeden Muskel und jede Sehne.

En bølge av rent liv strømmet gjennom hver muskel og sene.

Jeder Sprung schrie, dass er lebte, dass er durch den Tod ging.

Hvert sprang ropte at han levde, at han beveget seg gjennom døden.

Sein Körper schwebte freudig über stilles, kaltes Land, das sich nie regte.

Kroppen hans svevde gledesfylt over stille, kaldt land som aldri rørte seg.

Spitz blieb selbst in seinen wildesten Momenten kalt und listig.

Spitz forble kald og utspekulert, selv i sine villeste øyeblikk.

Er verließ den Pfad und überquerte das Land, wo der Bach eine weite Biegung machte.

Han forlot stien og krysset land der bekken svingte bredt.

Buck, der davon nichts wusste, blieb auf dem gewundenen Pfad des Kaninchens.

Buck, uvitende om dette, holdt seg på kaninens svingete sti.

Dann, als Buck um eine Kurve bog, stand das geisterhafte Kaninchen vor ihm.

Så, idet Buck rundet en sving, var den spøkelseslignende kaninen foran ham.

Er sah, wie eine zweite Gestalt vor der Beute vom Ufer sprang.

Han så en annen skikkelse hoppe fra bredden foran byttet.

Bei der Gestalt handelte es sich um Spitz, der direkt auf dem Weg des fliehenden Kaninchens landete.

Skikkelsen var Spitz, som landet rett i veien for den flyktende kaninen.

Das Kaninchen konnte sich nicht umdrehen und traf mitten in der Luft auf Spitz' Kiefer.

Kaninen kunne ikke snu seg og møtte Spitz' kjever i luften.

Das Rückgrat des Kaninchens brach mit einem Schrei, der so scharf war wie der Schrei eines sterbenden Menschen.

Kaninens ryggrad brakk med et skrik like skarpt som et døende menneskes skrik.

Bei diesem Geräusch – dem Sturz vom Leben in den Tod – heulte das Rudel laut auf.

Ved den lyden – fallet fra liv til død – hylte flokken høyt.

Hinter Buck erhob sich ein wilder Chor voller dunkler Freude.

Et vilt kor steg opp bak Buck, fullt av mørk glede.

Buck gab keinen Schrei von sich, keinen Laut, und stürmte direkt auf Spitz zu.

Buck skrek ikke, ingen lyd, og stormet rett inn i Spitz.

Er zielte auf die Kehle, traf aber stattdessen die Schulter.

Han siktet mot strupen, men traff skulderen i stedet.

Sie stürzten durch den weichen Schnee, ihre Körper waren in einen Kampf verstrickt.

De tumlet gjennom myk snø; kroppene deres var låst i kamp.

Spitz sprang schnell auf, als wäre er nie niedergeschlagen worden.

Spitz spratt raskt opp, som om han aldri var blitt slått ned.

Er schlug auf Bucks Schulter und sprang dann aus dem Kampf.

Han skar Buck i skulderen, og sprang deretter unna kampen.

Zweimal schnappten seine Zähne wie Stahlfallen, seine Lippen waren grimmig gekräuselt.

To ganger knakk tennene hans som stålfeller, leppene krøllet seg sammen og var vilde.

Er wich langsam zurück und suchte festen Boden unter seinen Füßen.

Han rygget sakte unna og lette etter fast grunn under føttene.

Buck verstand den Moment sofort und vollkommen.

Buck forsto øyeblikket umiddelbart og fullt ut.

Die Zeit war gekommen; der Kampf würde ein Kampf auf Leben und Tod werden.

Tiden var inne; kampen skulle bli en kamp til døden.

Die beiden Hunde umkreisten knurrend den Raum, legten die Ohren an und kniffen die Augen zusammen.

De to hundene gikk i sirkler, knurrende, med flate ører og smale øyne.

Jeder Hund wartete darauf, dass der andere Schwäche zeigte oder einen Fehltritt machte.

Hver hund ventet på at den andre skulle vise svakhet eller feiltrinn.

Buck hatte ein unheimliches Gefühl, die Szene zu kennen und tief in Erinnerung zu behalten.

For Buck føltes scenen uhyggelig kjent og dypt husket.

Die weißen Wälder, die kalte Erde, die Schlacht im Mondlicht.

De hvite skogene, den kalde jorden, kampen under måneskinnet.

Eine schwere Stille erfüllte das Land, tief und unnatürlich.

En tung stillhet fylte landet, dyp og unaturlig.

Kein Wind regte sich, kein Blatt bewegte sich, kein Geräusch unterbrach die Stille.

Ingen vind rørte seg, intet blad beveget seg, ingen lyd brøt stillheten.

Der Atem der Hunde stieg wie Rauch in die eiskalte, stille Luft.

Hundenes pust steg opp som røyk i den frosne, stille luften.

Das Kaninchen war von der Meute der wilden Tiere längst vergessen.

Kaninen var for lengst glemt av flokken med ville dyr.

Diese halb gezähmten Wölfe standen nun still in einem weiten Kreis.

Disse halvtemmede ulvene sto nå stille i en vid sirkel.

Sie waren still, nur ihre leuchtenden Augen verrieten ihren Hunger.

De var stille, bare de glødende øynene deres avslørte sulten.

Ihr Atem stieg auf, als sie den Beginn des Endkampfes beobachteten.

Pusten deres steg, mens de så den siste kampen begynne.

Für Buck war dieser Kampf alt und erwartet, überhaupt nicht ungewöhnlich.

For Buck var dette slaget gammelt og forventet, slett ikke merkelig.

Es fühlte sich an wie die Erinnerung an etwas, das schon immer passieren sollte.

Det føltes som et minne om noe som alltid var ment å skje.

Spitz war ein ausgebildeter Kampfhund, gestählt durch zahllose wilde Schlägereien.

Spitz var en trent kamphund, finslipt av utallige ville slåsskamper.

Von Spitzbergen bis Kanada hatte er viele Feinde besiegt.

Fra Spitsbergen til Canada hadde han mestret mange fiender.

Er war voller Wut, ließ seiner Wut jedoch nie freien Lauf.

Han var fylt av raseri, men ga aldri kontroll over raseriet.

Seine Leidenschaft war scharf, aber immer durch einen harten Instinkt gemildert.

Lidenskapen hans var skarp, men alltid dempet av hardt instinkt.

Er griff nie an, bis seine eigene Verteidigung stand.

Han angrep aldri før hans eget forsvar var på plass.

Buck versuchte immer wieder, Spitz' verwundbaren Hals zu erreichen.

Buck prøvde igjen og igjen å nå Spitz' sårbare nakke.

Doch jeder Schlag wurde von Spitz' scharfen Zähnen mit einem Hieb beantwortet.

Men hvert slag ble møtt av et hugg fra Spitz' skarpe tenner.

Ihre Reißzähne prallten aufeinander und beide Hunde bluteten aus den aufgerissenen Lippen.

Hoggtennene deres brøt sammen, og begge hundene blødde fra avrevne lepper.

Egal, wie sehr Buck sich auch wehrte, er konnte die Verteidigung nicht durchbrechen.

Uansett hvor mye Buck kastet seg frem, klarte han ikke å bryte gjennom forsvaret.

Er wurde immer wütender und stürmte mit wilden Kraftausbrüchen hinein.

Han ble mer rasende og stormet inn med ville maktutbrudd.

Immer wieder schlug Buck nach der weißen Kehle von Spitz.

Igjen og igjen slo Buck etter Spitz' hvite strupe.

Jedes Mal wich Spitz aus und schlug mit einem schneidenden Biss zurück.

Hver gang unngikk Spitz og slo tilbake med et skjærende bitt.

Dann änderte Buck seine Taktik und stürzte sich erneut darauf, als wolle er ihm die Kehle zu Leibe rücken.

Så endret Buck taktikk og løp som om han ville strupe den igjen.

Doch er zog sich mitten im Angriff zurück und drehte sich um, um von der Seite zuzuschlagen.

Men han trakk seg tilbake midt i angrepet og snudde seg for å angripe fra siden.

Er warf Spitz seine Schulter entgegen, um ihn niederzuschlagen.

Han kastet skulderen inn i Spitz i sikte på å slå ham ned.

Bei jedem Versuch wich Spitz aus und konterte mit einem Hieb.

Hver gang han prøvde, unngikk Spitz og kontret med et hugg.

Bucks Schulter wurde wund, als Spitz nach jedem Schlag davonsprang.

Bucks skulder ble sår da Spitz hoppet unna etter hvert treff.

Spitz war nicht berührt worden, während Buck aus vielen Wunden blutete.

Spitz hadde ikke blitt rørt, mens Buck blødde fra mange sår.

Bucks Atem ging schnell und schwer, sein Körper war blutverschmiert.

Bucks pust kom raskt og tungt, kroppen hans glatt av blod.

Mit jedem Biss und Angriff wurde der Kampf brutaler.

Kampen ble mer brutal for hvert bitt og angrep.

Um sie herum warteten sechzig stille Hunde darauf, dass der erste fiel.

Rundt dem ventet seksti stille hunder på at de første skulle falle.

Wenn ein Hund zu Boden ging, würde das Rudel den Kampf beenden.

Hvis én hund falt, ville flokken avslutte kampen.

Spitz sah, dass Buck schwächer wurde, und begann, den Angriff voranzutreiben.

Spitz så at Buck svekkes, og begynte å presse på.

Er brachte Buck aus dem Gleichgewicht und zwang ihn, um Halt zu kämpfen.

Han holdt Buck ut av balanse, og tvang ham til å kjempe for å få fotfeste.

Einmal stolperte Buck und fiel, und alle Hunde standen auf.

En gang snublet Buck og falt, og alle hundene reiste seg opp.

Doch Buck richtete sich mitten im Fall auf und alle sanken wieder zu Boden.

Men Buck rettet seg opp midt i fallet, og alle sank ned igjen.

Buck hatte etwas Seltenes – eine Vorstellungskraft, die aus tiefem Instinkt geboren war.

Buck hadde noe sjeldent – fantasi født av dype instinkter.

Er kämpfte mit natürlichem Antrieb, aber auch mit List.
Han kjempet av naturlig drivkraft, men han kjempet også med list.

Er griff erneut an, als würde er seinen Schulterangriffstrick wiederholen.
Han stormet igjen som om han gjentok skulderangrepstrikset sitt.

Doch in der letzten Sekunde ließ er sich fallen und flog unter Spitz hindurch.
Men i siste sekund falt han lavt og feide under Spitz.

Seine Zähne schnappten um Spitz' linkes Vorderbein.
Tennene hans låste seg fast på Spitz' venstre forbein med et smell.

Spitz stand nun unsicher da, sein Gewicht ruhte nur noch auf drei Beinen.
Spitz sto nå ustø, med vekten sin på bare tre bein.

Buck schlug erneut zu und versuchte dreimal, ihn zu Fall zu bringen.
Buck slo til igjen og prøvde tre ganger å felle ham.

Beim vierten Versuch nutzte er denselben Zug mit Erfolg
På fjerde forsøk brukte han samme bevegelse med hell

Diesmal gelang es Buck, Spitz in das rechte Bein zu beißen.
Denne gangen klarte Buck å bite Spitz i høyrebeinet.

Obwohl Spitz verkrüppelt war und große Schmerzen litt, kämpfte er weiter ums Überleben.
Spitz, selv om han var forkrøplet og i smerte, fortsatte å kjempe for å overleve.

Er sah, wie der Kreis der Huskys enger wurde, die Zungen herausstreckten und deren Augen leuchteten.
Han så sirkelen av huskyer tette seg sammen, med tunger ute og øyne som glødet.

Sie warteten darauf, ihn zu verschlingen, so wie sie es mit anderen getan hatten.
De ventet på å sluke ham, akkurat som de hadde gjort med andre.

Dieses Mal stand er im Mittelpunkt: besiegt und verdammt.
Denne gangen sto han i sentrum; beseiret og dømt.

Für den weißen Hund gab es jetzt keine Möglichkeit mehr zu entkommen.

Den hvite hunden hadde ingen mulighet til å flykte nå.

Buck kannte keine Gnade, denn Gnade hatte in der Wildnis nichts zu suchen.

Buck viste ingen nåde, for nåde hørte ikke hjemme i villmarken.

Buck bewegte sich vorsichtig und bereitete sich auf den letzten Angriff vor.

Buck beveget seg forsiktig og gjorde seg klar til det siste angrepet.

Der Kreis der Huskys schloss sich, er spürte ihren warmen Atem.

Sirkelen av huskyer lukket seg om hverandre; han kjente de varme pustene deres.

Sie duckten sich und waren bereit, im richtigen Moment zu springen.

De bøyde seg ned, klare til å sprette når øyeblikket kom.

Spitz zitterte im Schnee, knurrte und veränderte seine Haltung.

Spitz skalv i snøen, knurret og endret stilling.

Seine Augen funkelten, seine Lippen waren gekräuselt und seine Zähne blitzten in verzweifelter Drohung.

Øynene hans strålte, leppene hans krøllet seg sammen, tennene glitret i desperat trussel.

Er taumelte und versuchte immer noch, dem kalten Biss des Todes standzuhalten.

Han sjanglet, fortsatt i et forsøk på å holde dødens kalde bitt tilbake.

Er hatte das schon früher erlebt, aber immer von der Gewinnerseite.

Han hadde sett dette før, men alltid fra vinnersiden.

Jetzt war er auf der Verliererseite, der Besiegte, die Beute, der Tod.

Nå var han på den tapende siden; den beseirede; byttet; døden.

Buck umkreiste ihn für den letzten Schlag, der Hundekreis rückte näher.

Buck sirklet for å gi det siste slaget, hunderingen presset seg tettere.

Er konnte ihren heißen Atem spüren; bereit zum Töten.

Han kunne føle de varme pustene deres; klare til å bli drept.

Stille breitete sich aus; alles war an seinem Platz; die Zeit war stehen geblieben.

Det ble stillt; alt var på sin plass; tiden hadde stoppet.

Sogar die kalte Luft zwischen ihnen gefror für einen letzten Moment.

Selv den kalde luften mellom dem frøs til et siste øyeblikk.

Nur Spitz bewegte sich und versuchte, sein bitteres Ende abzuwenden.

Bare Spitz rørte seg og prøvde å holde den bitre enden tilbake.

Der Kreis der Hunde schloss sich um ihn, und das war sein Schicksal.

Sirkelen av hunder lukket seg rundt ham, i likhet med hans skjebne.

Er war jetzt verzweifelt, da er wusste, was passieren würde.

Han var desperat nå, vel vitende om hva som skulle skje.

Buck sprang hinein, Schulter an Schulter traf ein letztes Mal.

Buck sprang inn, skulder møtte skulder en siste gang.

Die Hunde drängten vorwärts und deckten Spitz in der verschneiten Dunkelheit.

Hundene stormet fremover og dekket Spitz i det snødekte mørket.

Buck sah zu, aufrecht stehend; der Sieger in einer wilden Welt.

Buck så på, stående rakrygget; seierherren i en vill verden.

Das dominante Urtier hatte seine Beute gemacht, und es war gut.

Det dominerende urbeistet hadde gjort sitt bytte, og det var bra.

Wer die Meisterschaft erlangt hat
Han som har vunnet mesterskapet

„Wie? Was habe ich gesagt? Ich sage die Wahrheit, wenn ich
sage, dass Buck ein Teufel ist."

«Eh? Hva sa jeg? Jeg snakker sant når jeg sier at Buck er en
djevel.»

**François sagte dies am nächsten Morgen, nachdem er
festgestellt hatte, dass Spitz verschwunden war.**

François sa dette neste morgen etter at han fant Spitz savnet.

**Buck stand da, übersät mit Wunden aus dem erbitterten
Kampf.**

Buck sto der, dekket av sår etter den voldsomme kampen.

**François zog Buck zum Feuer und zeigte auf die
Verletzungen.**

François dro Buck bort til bålet og pekte på skadene.

„Dieser Spitz hat gekämpft wie der Devik", sagte Perrault
und beäugte die tiefen Schnittwunden.

«Den Spitzen kjempet som Deviken,» sa Perrault, mens han
kikket på de dype sårene.

„Und dieser Buck hat wie zwei Teufel gekämpft",
antwortete François sofort.

«Og at Buck kjempet som to djevler,» svarte François med en
gang.

„Jetzt kommen wir gut voran; kein Spitz mehr, kein Ärger
mehr."

«Nå skal vi ha det bra; ikke mer Spitz, ikke mer bråk.»

**Perrault packte die Ausrüstung und belud den Schlitten
sorgfältig.**

Perrault pakket utstyret og lastet sleden med forsiktighet.

François spannte die Hunde für den Lauf des Tages an.

François selet hundene som forberedelse til dagens løpetur.

**Buck trabte direkt an die Führungsposition, die einst Spitz
innehatte.**

Buck travet rett til lederposisjonen som en gang var Spitz.

**Doch François bemerkte es nicht und führte Solleks nach
vorne.**

Men François, som ikke la merke til det, ledet Solleks frem til fronten.

Nach François' Einschätzung war Solleks nun der beste Leithund.

Etter François' vurdering var Solleks nå den beste ledehunden.

Buck stürzte sich wütend auf Solleks und trieb ihn aus Protest zurück.

Buck sprang mot Solleks i raseri og drev ham tilbake i protest.

Er stand dort, wo einst Spitz gestanden hatte, und beanspruchte die Führungsposition.

Han sto der Spitz en gang hadde stått, og gjorde krav på lederposisjonen.

„Wie? Wie?", rief François und schlug sich amüsiert auf die Schenkel.

«Eh? Eh?» ropte François og slo seg muntert på lårene.

„Sehen Sie sich Buck an – er hat Spitz umgebracht und jetzt will er ihm den Job wegnehmen!"

«Se på Buck – han drepte Spitz, nå vil han ta jobben!»

„Geh weg, Chook!", schrie er und versuchte, Buck zu vertreiben.

«Gå vekk, Chook!» ropte han og prøvde å jage Buck vekk.

Aber Buck weigerte sich, sich zu bewegen und blieb fest im Schnee stehen.

Men Buck nektet å røre seg og sto stødig i snøen.

François packte Buck am Genick und zog ihn beiseite.

François grep tak i Bucks skinnekrage og dro ham til side.

Buck knurrte leise und drohend, griff aber nicht an.

Buck knurret lavt og truende, men angrep ikke.

François brachte Solleks wieder in Führung und versuchte, den Streit zu schlichten

François satte Solleks tilbake i ledelsen og prøvde å bilegge tvisten

Der alte Hund zeigte Angst vor Buck und wollte nicht bleiben.

Den gamle hunden viste frykt for Buck og ville ikke bli.

Als François ihm den Rücken zuwandte, verjagte Buck Solleks wieder.

Da François snudde ryggen til, drev Buck Solleks ut igjen.

Solleks leistete keinen Widerstand und trat erneut leise zur Seite.

Solleks gjorde ikke motstand og trakk seg stille til side nok en gang.

François wurde wütend und schrie: „Bei Gott, ich werde dich heilen!"

François ble sint og ropte: «Ved Gud, jeg reparerer deg!»

Er kam mit einer schweren Keule in der Hand auf Buck zu.

Han kom mot Buck med en tung kølle i hånden.

Buck erinnerte sich gut an den Mann im roten Pullover.

Buck husket mannen i den røde genseren godt.

Er zog sich langsam zurück, beobachtete François, knurrte jedoch tief.

Han trakk seg sakte tilbake, mens han så på François, men knurret dypt.

Er eilte nicht zurück, auch nicht, als Solleks an seiner Stelle stand.

Han skyndte seg ikke tilbake, selv ikke da Solleks sto på plassen hans.

Buck kreiste knapp außerhalb seiner Reichweite und knurrte wütend und protestierend.

Buck sirklet like utenfor rekkevidde, glefset rasende og protesterende.

Er behielt den Schläger im Auge und war bereit auszuweichen, falls François warf.

Han holdt blikket festet på køllen, klar til å dukke unna hvis François kastet.

Er war weise und vorsichtig geworden im Umgang mit bewaffneten Männern.

Han hadde blitt klok og forsiktig når det gjaldt menn med våpen.

François gab auf und rief Buck erneut an seinen alten Platz.

François ga opp og kalte Buck tilbake til sitt tidligere sted.

Aber Buck trat vorsichtig zurück und weigerte sich, dem Befehl Folge zu leisten.

Men Buck trakk seg forsiktig tilbake og nektet å adlyde ordren.

François folgte ihm, aber Buck wich nur ein paar Schritte zurück.

François fulgte etter, men Buck trakk seg bare noen få skritt tilbake.

Nach einiger Zeit warf François frustriert die Waffe hin.

Etter en stund kastet François våpenet ned i frustrasjon.

Er dachte, Buck hätte Angst vor einer Tracht Prügel und würde ruhig kommen.

Han trodde Buck fryktet å bli slått og kom til å komme stille.

Aber Buck wollte sich nicht vor einer Strafe drücken – er kämpfte um seinen Rang.

Men Buck unngikk ikke straff – han kjempet for rang.

Er hatte sich den Platz als Leithund durch einen Kampf auf Leben und Tod verdient

Han hadde fortjent lederhundplassen gjennom en kamp på liv og død

er würde sich mit nichts Geringerem zufrieden geben, als der Anführer zu sein.

Han ville ikke nøye seg med noe mindre enn å være leder.

Perrault beteiligte sich an der Verfolgung, um den rebellischen Buck zu fangen.

Perrault tok en hånd med i jakten for å hjelpe til med å fange den opprørske Buck.

Gemeinsam ließen sie ihn fast eine Stunde lang durch das Lager laufen.

Sammen løp de ham rundt i leiren i nesten en time.

Sie warfen Knüppel nach ihm, aber Buck wich jedem Schlag geschickt aus.

De kastet køller mot ham, men Buck unngikk hver enkelt dyktig.

Sie verfluchten ihn, seine Vorfahren, seine Nachkommen und jedes Haar an ihm.

De forbannet ham og hans forfedre og hans etterkommere og hvert hårstrå på ham.

Aber Buck knurrte nur zurück und blieb gerade außerhalb ihrer Reichweite.

Men Buck bare knurret tilbake og holdt seg like utenfor deres rekkevidde.

Er versuchte nie wegzulaufen, sondern umkreiste das Lager absichtlich.

Han prøvde aldri å løpe vekk, men gikk med vilje rundt leiren.

Er machte klar, dass er gehorchen würde, sobald sie ihm gäben, was er wollte.

Han gjorde det klart at han kom til å adlyde når de ga ham det han ville ha.

Schließlich setzte sich François hin und kratzte sich frustriert am Kopf.

François satte seg endelig ned og klødde seg i hodet i frustrasjon.

Perrault sah auf seine Uhr, fluchte und murmelte etwas über die verlorene Zeit.

Perrault sjekket klokken sin, bannet og mumlet om tapt tid.

Obwohl sie eigentlich auf der Spur sein sollten, war bereits eine Stunde vergangen.

Det hadde allerede gått en time da de skulle ha vært på stien.

François zuckte verlegen mit den Achseln, als der Kurier resigniert seufzte.

François trakk beskjedent på skuldrene mot kureren, som sukket nederlagsfullt.

Dann ging François zu Solleks und rief Buck noch einmal.

Så gikk François bort til Solleks og ropte på Buck en gang til.

Buck lachte wie ein Hund, wahrte jedoch vorsichtig seine Distanz.

Buck lo som en hund ler, men holdt forsiktig avstand.

François nahm Solleks das Geschirr ab und brachte ihn an seinen Platz zurück.

François tok av Solleks sele og satte ham tilbake på plassen sin.

Das Schlittenteam stand voll angespannt da, nur ein Platz war unbesetzt.

Akespannet sto fullt utspent, med bare én ledig plass.

Die Führungsposition blieb leer und war eindeutig nur für Buck bestimmt.

Lederposisjonen forble tom, tydeligvis ment for Buck alene.

François rief erneut, und wieder lachte Buck und blieb standhaft.

François ropte igjen, og igjen lo Buck og holdt stand.

„Wirf die Keule weg", befahl Perrault ohne zu zögern.

«Kast ned køllen», beordret Perrault uten å nøle.

François gehorchte und Buck trabte sofort stolz vorwärts.

François adlød, og Buck travet straks stolt fremover.

Er lachte triumphierend und übernahm die Führungsposition.

Han lo triumferende og tok ledelsen.

François befestigte seine Leinen und der Schlitten wurde losgerissen.

François sikret sporene sine, og sleden ble løsnet.

Beide Männer liefen neben dem Team her, als es auf den Flusspfad rannte.

Begge mennene løp ved siden av mens laget løp inn på elvestien.

François hatte Bucks „zwei Teufel" sehr geschätzt,
François hadde satt høye krav til Bucks «to djevler».

aber er merkte bald, dass er den Hund tatsächlich unterschätzt hatte.
men han innså snart at han faktisk hadde undervurdert hunden.

Buck übernahm schnell die Führung und erbrachte hervorragende Leistungen.

Buck tok raskt lederskap og presterte med dyktighet.

In puncto Urteilsvermögen, schnelles Denken und schnelles Handeln übertraf Buck Spitz.

I dømmekraft, rask tenkning og rask handling overgikk Buck Spitz.

François hatte noch nie einen Hund gesehen, der dem von Buck gleichkam.

François hadde aldri sett en hund som kunne måle seg med den Buck nå viste frem.

Aber Buck war wirklich herausragend darin, für Ordnung zu sorgen und Respekt zu erlangen.

Men Buck utmerket seg virkelig i å håndheve orden og inngyte respekt.

Dave und Solleks akzeptierten die Änderung ohne Bedenken oder Protest.

Dave og Solleks aksepterte endringen uten bekymring eller protest.

Sie konzentrierten sich nur auf die Arbeit und zogen kräftig die Zügel an.

De fokuserte bare på arbeid og å trekke hardt i tøylene.

Es war ihnen egal, wer führte, solange der Schlitten in Bewegung blieb.

De brydde seg lite om hvem som ledet, så lenge sleden fortsatte å bevege seg.

Billee, der Fröhliche, hätte, soweit es sie interessierte, die Führung übernehmen können.

Billee, den muntre, kunne ha ledet an for alt de brydde seg om.

Was ihnen wichtig war, waren Frieden und Ordnung in den Reihen.

Det som var viktig for dem var ro og orden i rekkene.

Der Rest des Teams war während Spitz' Niedergang unbändig geworden.

Resten av laget hadde blitt uregjerlige under Spitz' tilbakegang.

Sie waren schockiert, als Buck sie sofort zur Ordnung rief.

De ble sjokkerte da Buck umiddelbart tok dem i orden.

Pike war immer faul gewesen und hatte Buck hinterhergehangen.

Pike hadde alltid vært lat og slept beina etter Buck.

Doch nun wurde er von der neuen Führung scharf diszipliniert.

Men nå ble han strengt disiplinert av den nye ledelsen.

Und er lernte schnell, seinen Teil zum Team beizutragen.

Og han lærte raskt å gjøre sin del av laget.

Am Ende des Tages hatte Pike härter gearbeitet als je zuvor.

Mot slutten av dagen jobbet Pike hardere enn noen gang før.

In dieser Nacht im Lager wurde Joe, der mürrische Hund, endlich beruhigt.

Den kvelden i leiren ble Joe, den sure hunden, endelig underkuet.

Spitz hatte es nicht geschafft, ihn zu disziplinieren, aber Buck versagte nicht.

Spitz hadde unnlatt å disiplinere ham, men Buck sviktet ikke.

Durch die Nutzung seines größeren Gewichts überwältigte Buck Joe in Sekundenschnelle.

Ved å bruke sin større vekt overmannet Buck Joe på få sekunder.

Er biss und schlug Joe, bis dieser wimmerte und aufhörte, sich zu wehren.

Han bet og slo Joe til han klynket og sluttet å gjøre motstand.

Von diesem Moment an verbesserte sich das gesamte Team.

Hele laget forbedret seg fra det øyeblikket av.

Die Hunde erlangten ihre alte Einheit und Disziplin zurück.

Hundene gjenvant sin gamle samhold og disiplin.

In Rink Rapids kamen zwei neue einheimische Huskies hinzu, Teek und Koona.

Ved Rink Rapids ble to nye innfødte huskyer, Teek og Koona, med.

Bucks schnelle Ausbildung erstaunte sogar François.

Bucks raske trening av dem forbløffet til og med François.

„So einen Hund wie diesen Buck hat es noch nie gegeben!", rief er erstaunt.

«Det har aldri vært en hund som den Buck!» ropte han forbløffet.

„Nein, niemals! Er ist tausend Dollar wert, bei Gott!"

«Nei, aldri! Han er verdt tusen dollar, for pokker!»

„Wie? Was sagst du dazu, Perrault?", fragte er stolz.

«Eh? Hva sier du, Perrault?» spurte han stolt.

Perrault nickte zustimmend und überprüfte seine Notizen.

Perrault nikket samtykkende og sjekket notatene sine.

Wir liegen bereits vor dem Zeitplan und kommen täglich weiter voran.

Vi ligger allerede foran skjema og vi får mer hver dag.

Der Weg war festgestampft und glatt, es lag kein Neuschnee.

Løypa var hardpakket og glatt, uten nysnø.

Es war konstant kalt und lag die ganze Zeit bei minus fünfzig Grad.

Kulden var jevn, og holdt seg på femti minusgrader hele tiden.

Die Männer ritten und rannten abwechselnd, um sich warm zu halten und Zeit zu gewinnen.

Mennene red og løp etter tur for å holde varmen og få tid.

Die Hunde rannten schnell, mit wenigen Pausen, immer vorwärts.

Hundene løp fort med få stopp, og presset seg alltid fremover.

Der Thirty Mile River war größtenteils zugefroren und leicht zu überqueren.

Thirty Mile-elven var stort sett frossen og lett å ferdes over.

Was zehn Tage gedauert hatte, wurde an einem Tag verschickt.

De dro ut på én dag det som hadde tatt ti dager å komme inn.

Sie legten einen sechsundneunzig Kilometer langen Sprint vom Lake Le Barge nach White Horse zurück.

De løp seksti mil fra Lake Le Barge til White Horse.

Sie bewegten sich unglaublich schnell über die Seen Marsh, Tagish und Bennett.

Over Marsh-, Tagish- og Bennett-sjøene beveget de seg utrolig raskt.

Der laufende Mann wird an einem Seil hinter dem Schlitten hergezogen.

Løpende mann tauet bak sleden i et tau.

In der letzten Nacht der zweiten Woche erreichten sie ihr Ziel.

Den siste kvelden i uke to kom de frem til bestemmelsesstedet sitt.

Sie hatten gemeinsam die Spitze des White Pass erreicht.

De hadde nådd toppen av White Pass sammen.

Sie sanken auf Meereshöhe hinab, mit den Lichtern von Skaguay unter ihnen.

De falt ned til havnivå med Skaguays lys under seg.

Es war ein Rekordlauf durch kilometerlange kalte Wildnis.

Det hadde vært en rekordsettende løpetur gjennom kilometervis med kald villmark.

An vierzehn aufeinanderfolgenden Tagen legten sie im Durchschnitt satte vierundsechzig Kilometer zurück.

I fjorten dager i strekk løp de i gjennomsnitt en solid 64 kilometer.

In Skaguay transportierten Perrault und François Fracht durch die Stadt.

I Skaguay flyttet Perrault og François last gjennom byen.

Die bewundernde Menge jubelte ihnen zu und bot ihnen viele Getränke an.

De ble hyllet og tilbudt mange drinker av beundrende folkemengder.

Hundefänger und Arbeiter versammelten sich um das berühmte Hundegespann.

Hundejegere og arbeidere samlet seg rundt det berømte hundespannet.

Dann kamen Gesetzlose aus dem Westen in die Stadt und erlitten eine brutale Niederlage.

Så kom vestlige fredløse til byen og møtte et voldelig nederlag.

Die Leute vergaßen bald das Team und konzentrierten sich auf neue Dramen.

Folket glemte snart laget og fokuserte på nytt drama.

Dann kamen die neuen Befehle, die alles auf einen Schlag veränderten.

Så kom de nye ordrene som forandret alt på én gang.

François rief Buck zu sich und umarmte ihn mit tränenreichem Stolz.

François kalte Buck til seg og klemte ham med tårevåt stolthet.

In diesem Moment sah Buck François zum letzten Mal wieder.

Det øyeblikket var siste gang Buck så François igjen.

Wie viele Männer zuvor waren sowohl François als auch Perrault nicht mehr da.

Som mange menn før, var både François og Perrault borte.

Ein schottischer Mischling übernahm das Kommando über Buck und seine Schlittenhunde-Kollegen.

En skotsk halvblod tok ansvar for Buck og hans sledehundkamerater.

Mit einem Dutzend anderer Hundegespanne kehrten sie auf dem Weg nach Dawson zurück.

Med et dusin andre hundespann returnerte de langs stien til Dawson.

Es war kein Schnelllauf mehr, sondern harte Arbeit mit einer schweren Last jeden Tag.

Det var ingen rask løpetur nå – bare hardt slit med en tung last hver dag.

Dies war der Postzug, der den Goldsuchern in der Nähe des Pols Nachrichten brachte.

Dette var posttoget som brakte bud til gulljegere nær polpunktet.

Buck mochte die Arbeit nicht, ertrug sie jedoch gut und war stolz auf seine Leistung.

Buck mislikte arbeidet, men tålte det godt og var stolt av innsatsen sin.

Wie Dave und Solleks zeigte Buck Hingabe bei jeder täglichen Aufgabe.

I likhet med Dave og Solleks viste Buck hengivenhet til hver eneste daglige oppgave.

Er stellte sicher, dass jeder seiner Teamkollegen seinen Teil beitrug.

Han sørget for at lagkameratene hans gjorde sitt ytterste.

Das Leben auf dem Trail wurde langweilig und wiederholte sich mit der Präzision einer Maschine.

Livet på stiene ble kjedelig, gjentatt med en maskins presisjon.

Jeder Tag fühlte sich gleich an, ein Morgen ging in den nächsten über.

Hver dag føltes lik, den ene morgenen gikk over i den neste.

Zur gleichen Stunde standen die Köche auf, um Feuer zu machen und Essen zuzubereiten.

I samme time sto kokkene opp for å lage bål og lage mat.

Nach dem Frühstück verließen einige das Lager, während andere die Hunde anspannten.

Etter frokost forlot noen leiren mens andre spente på hundene.

Sie machten sich auf den Weg, bevor die schwache Morgendämmerung den Himmel berührte.

De kom i gang før den svake varsellyden om daggry nådde himmelen.

Nachts hielten sie an, um ihr Lager aufzuschlagen, wobei jeder Mann eine festgelegte Aufgabe hatte.

Om natten stoppet de for å slå leir, hver mann med en fast plikt.

Einige stellten die Zelte auf, andere hackten Feuerholz und sammelten Kiefernzweige.

Noen slo opp teltene, andre hogg ved og samlet furugrener.

Zum Abendessen wurde den Köchen Wasser oder Eis mitgebracht.

Vann eller is ble båret tilbake til kokkene til kveldsmåltidet.

Die Hunde wurden gefüttert und das war für sie der schönste Teil des Tages.

Hundene fikk mat, og dette var den beste delen av dagen for dem.

Nachdem sie Fisch gegessen hatten, entspannten sich die Hunde und machten es sich in der Nähe des Feuers gemütlich.

Etter å ha spist fisk, slappet hundene av og lå og slengte seg rundt bålet.

Im Konvoi waren noch hundert andere Hunde, unter die man sich mischen konnte.

Det var hundre andre hunder i konvoien å omgås med.

Viele dieser Hunde waren wild und kämpften ohne Vorwarnung.

Mange av disse hundene var ville og raske til å slåss uten forvarsel.

Doch nach drei Siegen war Buck selbst den härtesten Kämpfern überlegen.

Men etter tre seire mestret Buck selv de tøffeste slåsskjempene.

Als Buck nun knurrte und die Zähne fletschte, traten sie zur Seite.

Da Buck knurret og viste tennene, trakk de seg til side.

Und das Beste war vielleicht, dass Buck es liebte, neben dem flackernden Lagerfeuer zu liegen.

Kanskje aller best var det at Buck elsket å ligge ved det blafrende bålet.

Er hockte mit angezogenen Hinterbeinen und nach vorne gestreckten Vorderbeinen.

Han satt på huk med bakbeina innfelt og forbeina strukket fremover.

Er hatte den Kopf erhoben und blinzelte sanft in die glühenden Flammen.

Hodet hans var hevet mens han blunket mykt mot de glødende flammene.

Manchmal musste er an Richter Millers großes Haus in Santa Clara denken.

Noen ganger mintes han dommer Millers store hus i Santa Clara.

Er dachte an den Zementpool, an Ysabel und den Mops namens Toots.

Han tenkte på sementbassenget, på Ysabel og mopsen som het Toots.

Aber häufiger musste er an die Keule des Mannes mit dem roten Pullover denken.

Men oftere husket han mannen med køllen til den røde genseren.

Er erinnerte sich an Curlys Tod und seinen erbitterten Kampf mit Spitz.

Han husket Krølletes død og hans harde kamp med Spitz.

Er erinnerte sich auch an das gute Essen, das er gegessen hatte oder von dem er immer noch träumte.

Han mintes også den gode maten han hadde spist eller fortsatt drømte om.

Buck hatte kein Heimweh – das warme Tal war weit weg und unwirklich.

Buck lengtet ikke hjem – den varme dalen var fjern og uvirkelig.

Die Erinnerungen an Kalifornien hatten keine große Anziehungskraft mehr auf ihn.

Minnene fra California hadde ikke lenger noen reell tiltrekningskraft på ham.

Stärker als die Erinnerung waren die tief in seinem Blut verwurzelten Instinkte.

Sterkere enn hukommelsen var instinkter dypt i hans blodslinje.

Einst verlorene Gewohnheiten waren zurückgekehrt und durch den Weg und die Wildnis wiederbelebt worden.

Vaner som en gang var tapt hadde kommet tilbake, gjenopplivet av stien og villmarken.

Während Buck das Feuerlicht betrachtete, veränderte sich seine Wahrnehmung manchmal.

Når Buck så på lyset fra bålet, ble det noen ganger til noe annet.

Er sah im Feuerschein ein anderes Feuer, älter und tiefer als das gegenwärtige.

Han så i lyset fra ilden en annen ild, eldre og dypere enn den nåværende.

Neben dem anderen Feuer hockte ein Mann, der anders aussah als der Mischlingskoch.

Ved siden av den andre ilden satt en mann ulik den halvblods kokken.

Diese Figur hatte kurze Beine, lange Arme und harte, verknotete Muskeln.

Denne figuren hadde korte ben, lange armer og harde, sammenknyttede muskler.

Sein Haar war lang und verfilzt und fiel von den Augen nach hinten ab.

Håret hans var langt og flokete, og skrånet bakover fra øynene.

Er gab seltsame Geräusche von sich und starrte voller Angst in die Dunkelheit.

Han lagde merkelige lyder og stirret fryktsomt ut i mørket.

Er hielt eine Steinkeule tief in seiner langen, rauen Hand fest.

Han holdt en steinkølle lavt, hardt klemt i den lange, ru hånden sin.

Der Mann trug wenig, nur eine verkohlte Haut, die ihm den Rücken hinunterhing.

Mannen hadde lite på seg; bare en forkullet hud som hang nedover ryggen hans.

Sein Körper war an Armen, Brust und Oberschenkeln mit dichtem Haar bedeckt.

Kroppen hans var dekket av tykt hår på armene, brystet og lårene.

Einige Teile des Haares waren zu rauen Fellbüscheln verfilzt.

Noen deler av håret var flokete inn i flekker med ru pels.

Er stand nicht gerade, sondern war von der Hüfte bis zu den Knien nach vorne gebeugt.

Han sto ikke rett, men bøyde seg fremover fra hoftene til knærne.

Seine Schritte waren federnd und katzenartig, als wäre er immer zum Sprung bereit.

Skrittene hans var fjærende og katteaktige, som om han alltid var klar til å hoppe.

Er war in höchster Wachsamkeit, als lebte er in ständiger Angst.

Det var en skarp årvåkenhet, som om han levde i konstant frykt.

Dieser alte Mann schien mit Gefahr zu rechnen, ob er die Gefahr nun sah oder nicht.

Denne eldgamle mannen syntes å forvente fare, enten faren ble sett eller ikke.

Manchmal schlief der haarige Mann am Feuer, den Kopf zwischen die Beine gesteckt.

Til tider sov den hårete mannen ved bålet med hodet mellom beina.

Seine Ellbogen ruhten auf seinen Knien, die Hände waren über seinem Kopf gefaltet.

Albuene hans hvilte på knærne, hendene foldet over hodet.

Wie ein Hund benutzte er seine haarigen Arme, um den fallenden Regen abzuschütteln.

Som en hund brukte han sine hårete armer til å felle av seg det fallende regnet.

Hinter dem Feuerschein sah Buck zwei Kohlen im Dunkeln glühen.

Bak lyset fra bålet så Buck to kull som glødet i mørket.

Immer zu zweit, waren sie die Augen der sich anpirschenden Raubtiere.

Alltid to og to, var de øynene til forfølgende rovdyr.

Er hörte, wie Körper durchs Unterholz krachten und Geräusche in der Nacht.

Han hørte kropper krasje gjennom kratt og lyder laget om natten.

Buck lag blinzelnd am Ufer des Yukon und träumte am Feuer.

Buck lå og blunket ved bålet og drømte på Yukon-bredden.

Die Anblicke und Geräusche dieser wilden Welt ließen ihm die Haare zu Berge stehen.

Synene og lydene fra den ville verdenen fikk hårene hans til å reise seg.

Das Fell stand ihm über den Rücken, die Schultern und den Hals hinauf.

Pelsen steg langs ryggen, skuldrene og oppover nakken hans.

Er wimmerte leise oder gab ein tiefes Knurren aus der Brust von sich.

Han klynket lavt eller knurret lavt dypt inne i brystet.

Dann rief der Mischlingskoch: „Hey, du Buck, wach auf!"

Så ropte halvblodskokken: «Hei, Buck, våkn opp!»

Die Traumwelt verschwand und das wirkliche Leben kehrte in Bucks Augen zurück.

Drømmeverdenen forsvant, og det virkelige livet vendte tilbake til Bucks øyne.

Er wollte aufstehen, sich strecken und gähnen, als wäre er aus einem Nickerchen erwacht.

Han skulle til å reise seg, strekke seg og gjespe, som om han hadde vekket fra en lur.

Die Reise war anstrengend, da sie den Postschlitten hinter sich herziehen mussten.

Turen var hard, med postsleden som slepte etter dem.

Schwere Lasten und harte Arbeit zermürbten die Hunde jeden langen Tag.

Tunge lass og hardt arbeid slet ut hundene hver lange dag.

Sie kamen dünn und müde in Dawson an und brauchten über eine Woche Ruhe.

De ankom Dawson tynne, slitne og trengte over en ukes hvile.

Doch nur zwei Tage später machten sie sich erneut auf den Weg den Yukon hinunter.

Men bare to dager senere la de ut nedover Yukon igjen.

Sie waren mit weiteren Briefen beladen, die für die Außenwelt bestimmt waren.

De var lastet med flere brev på vei til omverdenen.

Die Hunde waren erschöpft und die Männer beschwerten sich ständig.

Hundene var utslitte, og mennene klaget konstant.

Jeden Tag fiel Schnee, der den Weg weicher machte und die Schlitten verlangsamte.

Snøen falt hver dag, noe som myknet opp stien og bremset sledene.

Dies führte zu einem stärkeren Ziehen und einem größeren Widerstand der Läufer.

Dette førte til hardere drag og mer luftmotstand for løperne.

Trotzdem waren die Fahrer fair und kümmerten sich um ihre Teams.

Til tross for det var sjåførene rettferdige og brydde seg om lagene sine.

Jeden Abend wurden die Hunde gefüttert, bevor die Männer etwas zu essen bekamen.

Hver kveld ble hundene matet før mennene fikk spise.

Kein Mann geht schlafen, ohne vorher die Pfoten seines eigenen Hundes zu kontrollieren.

Ingen mann sov før han sjekket føttene til sin egen hund.

Dennoch wurden die Hunde mit jeder zurückgelegten Strecke schwächer.

Likevel ble hundene svakere etter hvert som kilometerne gikk på kroppen.

Sie waren den ganzen Winter über zweitausendachthundert Kilometer gereist.

De hadde reist atten hundre mil gjennom vinteren.

Sie zogen Schlitten über jede Meile dieser brutalen Distanz.

De dro sleder over hver kilometer av den brutale distansen.

Selbst die härtesten Schlittenhunde spüren nach so vielen Kilometern die Belastung.

Selv de tøffeste sledehundene føler belastning etter så mange kilometer.

Buck hielt durch, sorgte für die Weiterarbeit seines Teams und sorgte für die nötige Disziplin.

Buck holdt ut, holdt laget sitt i gang og opprettholdt disiplinen.

Aber Buck war müde, genau wie die anderen auf der langen Reise.

Men Buck var sliten, akkurat som de andre på den lange reisen.

Billee wimmerte und weinte jede Nacht ohne Ausnahme im Schlaf.

Billee klynket og gråt i søvne hver natt uten å feile.

Joe wurde noch verbitterter und Solleks blieb kalt und distanziert.

Joe ble enda mer bitter, og Solleks forble kald og distansert.

Doch Dave war derjenige des gesamten Teams, der am meisten darunter litt.

Men det var Dave som led verst av hele laget.

Irgendetwas in seinem Inneren war schiefgelaufen, doch niemand wusste, was.

Noe hadde gått galt inni ham, selv om ingen visste hva.

Er wurde launischer und fuhr andere mit wachsender Wut an.

Han ble mer humørsyk og glefset til andre med økende sinne.

Jede Nacht ging er direkt zu seinem Nest und wartete darauf, gefüttert zu werden.

Hver natt gikk han rett til reiret sitt og ventet på å bli matet.

Als Dave einmal unten war, stand er bis zum Morgen nicht mehr auf.

Da han først var nede, sto ikke Dave opp igjen før om morgenen.

Plötzliche Rucke oder Anlaufe an den Zügeln ließen ihn vor Schmerzen aufschreien.

På tøylene fikk plutselige rykk eller rykk ham til å gråte av smerte.

Sein Fahrer suchte nach der Ursache, konnte jedoch keine Verletzungen feststellen.

Sjåføren hans lette etter årsaken, men fant ingen skader på ham.

Alle Fahrer beobachteten Dave und besprachen seinen Fall.

Alle sjåførene begynte å se på Dave og diskuterte saken hans.

Sie unterhielten sich beim Essen und während ihrer letzten Zigarette des Tages.

De snakket sammen under måltidene og under dagens siste røyk.

Eines Nachts hielten sie eine Versammlung ab und brachten Dave zum Feuer.

En kveld holdt de et møte og tok Dave med til bålet.

Sie drückten und untersuchten seinen Körper und er schrie oft.

De presset og undersøkte kroppen hans, og han gråt ofte.

Offensichtlich stimmte etwas nicht, auch wenn keine Knochen gebrochen zu sein schienen.

Det var tydelig at noe var galt, selv om ingen bein så ut til å være brukket.

Als sie Cassiar Bar erreichten, war Dave am Umfallen.

Da de kom til Cassiar Bar, holdt Dave på å falle om.

Der schottische Mischling machte Schluss und nahm Dave
aus dem Team.
Den skotske halvblodsrasen ga stopp og fjernet Dave fra laget.
Er befestigte Solleks an Daves Stelle, ganz vorne am
Schlitten.
Han festet Sollekene på Daves plass, nærmest sledens forside.
Er wollte Dave ausruhen und ihm die Freiheit geben, hinter
dem fahrenden Schlitten herzulaufen.
Han mente å la Dave hvile og løpe fritt bak den bevegelige
sleden.
Doch selbst als er krank war, hasste Dave es, von seinem Job
geholt zu werden.
Men selv om han var syk, hatet Dave å bli tatt fra jobben han
hadde hatt.
Er knurrte und wimmerte, als ihm die Zügel aus dem Körper
gerissen wurden.
Han knurret og klynket idet tøylene ble trukket fra kroppen
hans.
Als er Solleks an seiner Stelle sah, weinte er vor
gebrochenem Herzen.
Da han så Solleks på sin plass, gråt han av knust hjerte.
Dave war noch immer stolz auf seine Arbeit auf dem Weg,
selbst als der Tod nahte.
Stoltheten over stiarbeidet satt dypt i Dave, selv da døden
nærmet seg.
Während der Schlitten fuhr, kämpfte sich Dave durch den
weichen Schnee in der Nähe des Pfades.
Mens sleden beveget seg, famlet Dave gjennom myk snø nær
stien.
Er griff Solleks an, biss ihn und stieß ihn von der Seite des
Schlittens.
Han angrep Solleks, bet og dyttet ham fra siden av sleden.
Dave versuchte, in das Geschirr zu springen und seinen
Arbeitsplatz zurückzuerobern.
Dave prøvde å hoppe inn i selen og gjenerobre arbeidsplassen
sin.

Er schrie, jammerte und weinte, hin- und hergerissen zwischen Schmerz und Stolz auf die Wehen.

Han hylte, klynket og gråt, revet mellom smerte og stolthet over arbeidet.

Der Mischling versuchte, Dave mit seiner Peitsche vom Team zu vertreiben.

Halvrasen brukte pisken sin til å prøve å drive Dave vekk fra laget.

Doch Dave ignorierte den Hieb und der Mann konnte nicht härter zuschlagen.

Men Dave ignorerte piskingen, og mannen kunne ikke slå ham hardere.

Dave lehnte den einfacheren Weg hinter dem Schlitten ab, wo der Schnee festgefahren war.

Dave nektet å ta den enklere stien bak sleden, der snøen var pakket sammen.

Stattdessen kämpfte er sich elend durch den tiefen Schnee neben dem Weg.

I stedet slet han i den dype snøen ved siden av stien, i elendighet.

Schließlich brach Dave zusammen, blieb im Schnee liegen und schrie vor Schmerzen.

Til slutt kollapset Dave, liggende i snøen og ulte av smerte.

Er schrie auf, als die lange Schlittenkette einer nach dem anderen an ihm vorbeifuhr.

Han ropte ut idet det lange toget med sleder passerte ham én etter én.

Dennoch stand er mit der ihm verbleibenden Kraft auf und stolperte ihnen hinterher.

Likevel, med den styrke han hadde igjen, reiste han seg og snublet etter dem.

Als der Zug wieder anhielt, holte er ihn ein und fand seinen alten Schlitten.

Han tok igjen da toget stoppet igjen og fant den gamle sleden sin.

Er kämpfte sich an den anderen Teams vorbei und stand wieder neben Solleks.

Han famlet forbi de andre lagene og stilte seg ved siden av Solleks igjen.

Als der Fahrer anhielt, um seine Pfeife anzuzünden, nutzte Dave seine letzte Chance.

Idet sjåføren stoppet for å tenne pipa si, tok Dave sin siste sjanse.

Als der Fahrer zurückkam und schrie, bewegte sich das Team nicht weiter.

Da sjåføren kom tilbake og ropte, beveget ikke teamet seg fremover.

Die Hunde hatten ihre Köpfe gedreht, verwirrt durch den plötzlichen Stopp.

Hundene hadde snudd hodene, forvirret av den plutselige stansen.

Auch der Fahrer war schockiert – der Schlitten hatte sich keinen Zentimeter vorwärts bewegt.

Sjåføren ble også sjokkert – sleden hadde ikke beveget seg en tomme fremover.

Er rief den anderen zu, sie sollten kommen und nachsehen, was passiert sei.

Han ropte til de andre at de skulle komme og se hva som hadde skjedd.

Dave hatte Solleks' Zügel durchgekaut und beide auseinandergerissen.

Dave hadde tygget seg gjennom Solleks' tøyler og brukket begge fra hverandre.

Nun stand er vor dem Schlitten, wieder an seinem rechtmäßigen Platz.

Nå sto han foran sleden, tilbake i sin rettmessige posisjon.

Dave blickte zum Fahrer auf und flehte ihn stumm an, in der Spur zu bleiben.

Dave så opp på sjåføren og tryglet i stillhet om å få holde seg i sporene.

Der Fahrer war verwirrt und wusste nicht, was er für den zappelnden Hund tun sollte.

Sjåføren var forvirret og usikker på hva han skulle gjøre med den sliterende hunden.

Die anderen Männer sprachen von Hunden, die beim Rausbringen gestorben waren.

De andre mennene snakket om hunder som hadde dødd av å bli tatt ut.

Sie erzählten von alten oder verletzten Hunden, denen es das Herz brach, als sie zurückgelassen wurden.

De fortalte om gamle eller skadde hunder som fikk hjertene sine knust når de ble etterlatt.

Sie waren sich einig, dass es Gnade wäre, Dave sterben zu lassen, während er noch im Geschirr steckte.

De var enige om at det var barmhjertighet å la Dave dø mens han fortsatt var i selen sin.

Er wurde wieder auf dem Schlitten festgeschnallt und Dave zog voller Stolz.

Han ble festet tilbake på sleden, og Dave dro med stolthet.

Obwohl er manchmal schrie, arbeitete er, als könne man den Schmerz ignorieren.

Selv om han ropte til tider, jobbet han som om smerte kunne ignoreres.

Mehr als einmal fiel er und wurde mitgeschleift, bevor er wieder aufstand.

Mer enn én gang falt han og ble dratt med seg før han reiste seg igjen.

Einmal wurde er vom Schlitten überrollt und von diesem Moment an humpelte er.

En gang rullet sleden over ham, og han haltet fra det øyeblikket av.

Trotzdem arbeitete er, bis das Lager erreicht war, und legte sich dann ans Feuer.

Likevel jobbet han til han nådde leiren, og deretter lå han ved bålet.

Am Morgen war Dave zu schwach, um zu reisen oder auch nur aufrecht zu stehen.

Om morgenen var Dave for svak til å reise eller til og med stå oppreist.

Als es Zeit war, das Geschirr anzulegen, versuchte er mit zitternder Anstrengung, seinen Fahrer zu erreichen.

Da det var tid for å spene fast bilen, prøvde han med skjelvende anstrengelse å nå frem til sjåføren.

Er rappelte sich auf, taumelte und brach auf dem schneebedeckten Boden zusammen.

Han tvang seg opp, sjanglet og kollapset ned på den snødekte bakken.

Mithilfe seiner Vorderbeine zog er seinen Körper in Richtung des Angeschirrs.

Ved hjelp av forbeina dro han kroppen sin mot seleområdet.

Zentimeter für Zentimeter schob er sich auf die Arbeitshunde zu.

Han hvilte seg fremover, tomme for tomme, mot arbeidshundene.

Er verließ die Kraft, aber er machte mit seinem letzten verzweifelten Vorstoß weiter.

Kreftene hans sviktet, men han fortsatte i sitt siste desperate fremstøt.

Seine Teamkollegen sahen ihn im Schnee nach Luft schnappen und sich immer noch danach sehnen, zu ihnen zu kommen.

Lagkameratene hans så ham gispe i snøen, fortsatt lengtende etter å bli med dem.

Sie hörten ihn vor Kummer schreien, als sie das Lager hinter sich ließen.

De hørte ham hyle av sorg idet de forlot leiren.

Als das Team zwischen den Bäumen verschwand, hallte Daves Schrei hinter ihnen wider.

Idet teamet forsvant inn i trærne, ekkoet Daves rop bak dem.

Der Schlittenzug hielt kurz an, nachdem er einen Abschnitt des Flusswalds überquert hatte.

Sledetoget stoppet kort etter å ha krysset en strekning med elvetømmer.

Der schottische Mischling ging langsam zurück zum Lager dahinter.

Den skotske halvblodshunden gikk sakte tilbake mot leiren bak.

Die Männer verstummten, als sie ihn den Schlittenzug verlassen sahen.
Mennene sluttet å snakke da de så ham forlate sledetoget.
Dann ertönte ein einzelner Schuss klar und scharf über den Weg.
Så runget et enkelt skudd klart og skarpt over stien.
Der Mann kam schnell zurück und nahm wortlos seinen Platz ein.
Mannen kom raskt tilbake og tok plassen sin uten et ord.
Peitschen knallten, Glöckchen bimmelten und die Schlitten rollten durch den Schnee.
Pisker knaket, bjeller klang, og sledene rullet videre gjennom snøen.
Aber Buck wusste, was passiert war – und alle anderen Hunde auch.
Men Buck visste hva som hadde skjedd – og det gjorde alle andre hunder også.

Die Mühen der Zügel und des Trails
Tøylenes og sporets slit

Dreißig Tage nach dem Verlassen von Dawson erreichte die Salt Water Mail Skaguay.
Tretti dager etter at de forlot Dawson, nådde Salt Water Mail Skaguay.
Buck und seine Teamkollegen gingen in Führung, kamen aber in einem erbärmlichen Zustand an.
Buck og lagkameratene hans tok ledelsen og ankom i ynkelig forfatning.
Buck hatte von hundertvierzig auf hundertfünfzehn Pfund abgenommen.
Buck hadde gått ned fra hundre og førti til hundre og femten pund.
Die anderen Hunde hatten, obwohl kleiner, noch mehr Körpergewicht verloren.
De andre hundene, selv om de var mindre, hadde mistet enda mer kroppsvekt.
Pike, einst ein vorgetäuschter Hinker, schleppte nun ein wirklich verletztes Bein hinter sich her.
Pike, en gang en falsk halter, dro nå et virkelig skadet bein etter seg.
Solleks humpelte stark und Dub hatte ein verrenktes Schulterblatt.
Solleks haltet stygt, og Dub hadde et vridd skulderblad.
Die Füße aller Hunde im Team waren von den Wochen auf dem gefrorenen Pfad wund.
Alle hundene i spannet hadde vondt i føttene etter flere uker på den frosne stien.
Ihre Schritte waren völlig federnd und bewegten sich nur langsam und schleppend.
De hadde ingen fjærhet igjen i skrittene sine, bare langsom, slepende bevegelse.
Ihre Füße treffen den Weg hart und jeder Schritt belastet ihren Körper stärker.

Føttene deres traff stien hardt, og hvert skritt belastet kroppen mer.

Sie waren nicht krank, sondern nur so erschöpft, dass sie sich auf natürliche Weise nicht mehr erholen konnten.

De var ikke syke, bare uttømte til det uunngåelige.

Dies war nicht die Müdigkeit eines harten Tages, die durch eine Nachtruhe geheilt werden konnte.

Dette var ikke tretthet etter én hard dag, kurert med en natts søvn.

Es war eine Erschöpfung, die sich durch monatelange, zermürbende Anstrengungen langsam aufgebaut hatte.

Det var utmattelse som sakte bygget seg opp gjennom måneder med knallhard innsats.

Es waren keine Kraftreserven mehr vorhanden, sie hatten alles aufgebraucht, was sie hatten.

Ingen reservestyrke var igjen – de hadde brukt opp alt de hadde.

Jeder Muskel, jede Faser und jede Zelle ihres Körpers war erschöpft und abgenutzt.

Hver muskel, fiber og celle i kroppene deres var utslitt og utslitt.

Und das hatte seinen Grund: Sie hatten zweitausendfünfhundert Meilen zurückgelegt.

Og det var en grunn – de hadde tilbakelagt tjuefem hundre mil.

Auf den letzten zweitausendachthundert Kilometern hatten sie sich nur fünf Tage ausgeruht.

De hadde bare hvilt i fem dager i løpet av de siste atten hundre milene.

Als sie Skaguay erreichten, sahen sie aus, als könnten sie kaum aufrecht stehen.

Da de nådde Skaguay, så det ut til at de knapt kunne stå oppreist.

Sie hatten Mühe, die Zügel straff zu halten und vor dem Schlitten zu bleiben.

De slet med å holde tøylene stramme og holde seg foran sleden.

Auf abschüssigen Hängen konnten sie nur noch vermeiden, überfahren zu werden.

I nedoverbakker klarte de bare å unngå å bli påkjørt.

„Weiter, ihr armen, wunden Füße", sagte der Fahrer, während sie weiterhumpelten.

«Marsjér videre, stakkars såre føtter», sa sjåføren mens de haltet avgårde.

„Das ist die letzte Strecke, danach bekommen wir alle auf jeden Fall noch eine lange Pause."

«Dette er den siste strekningen, så får vi alle én lang hvile, helt sikkert.»

„Eine richtig lange Pause", versprach er und sah ihnen nach, wie sie weiter taumelten.

«Én skikkelig lang hvil», lovet han, mens han så dem sjangle fremover.

Die Fahrer rechneten damit, dass sie nun eine lange, notwendige Pause bekommen würden.

Sjåførene forventet at de nå skulle få en lang, tiltrengt pause.

Sie hatten zweitausend Meilen zurückgelegt und nur zwei Tage Pause gemacht.

De hadde tilbakelagt tolv hundre mil med bare to dagers hvile.

Sie waren der Meinung, dass sie sich die Zeit zum Entspannen verdient hätten, und das aus fairen und vernünftigen Gründen.

Av rettferdighet og fornuft følte de at de hadde fortjent tid til å slappe av.

Aber zu viele waren zum Klondike gekommen und zu wenige waren zu Hause geblieben.

Men for mange hadde kommet til Klondike, og for få hadde blitt hjemme.

Es gingen unzählige Briefe von Familien ein, die zu Bergen verspäteter Post führten.

Brev fra familier strømmet inn, og skapte bunker med forsinket post.

Offizielle Anweisungen trafen ein – neue Hudson Bay-Hunde würden die Nachfolge antreten.

Offisielle ordrer kom – nye hunder fra Hudson Bay skulle ta over.

Die erschöpften Hunde, die nun als wertlos galten, sollten entsorgt werden.

De utmattede hundene, nå kalt verdiløse, skulle kvittes med.

Da Geld wichtiger war als Hunde, sollten sie billig verkauft werden.

Siden penger betydde mer enn hunder, skulle de selges billig.

Drei weitere Tage vergingen, bevor die Hunde spürten, wie schwach sie waren.

Tre dager til gikk før hundene kjente hvor svake de var.

Am vierten Morgen kauften zwei Männer aus den Staaten das gesamte Team.

Den fjerde morgenen kjøpte to menn fra Statene hele laget.

Der Verkauf umfasste alle Hunde sowie ihre abgenutzte Geschirrausrüstung.

Salget inkluderte alle hundene, pluss det brukte seleutstyret deres.

Die Männer nannten sich gegenseitig „Hal" und „Charles", als sie den Deal abschlossen.

Mennene kalte hverandre «Hal» og «Charles» mens de fullførte avtalen.

Charles war mittleren Alters, blass, hatte schlaffe Lippen und wilde Schnurrbartspitzen.

Charles var middelaldrende, blek, med slappe lepper og hissige barttupper.

Hal war ein junger Mann, vielleicht neunzehn, der einen Patronengürtel trug.

Hal var en ung mann, kanskje nitten, som hadde på seg et belte fylt med patroner.

Am Gürtel befanden sich ein großer Revolver und ein Jagdmesser, beide unbenutzt.

Beltet inneholdt en stor revolver og en jaktkniv, begge ubrukte.

Es zeigte, wie unerfahren und ungeeignet er für das Leben im Norden war.

Det viste hvor uerfaren og uskikket han var for livet i nord.

Keiner der beiden Männer gehörte in die Wildnis; ihre Anwesenheit widersprach jeder Vernunft.

Ingen av mennene hørte hjemme i villmarken; deres tilstedeværelse trosset all fornuft.

Buck beobachtete, wie das Geld zwischen Käufer und Makler den Besitzer wechselte.

Buck så på mens penger utvekslet hender mellom kjøper og megler.

Er wusste, dass die Postzugführer sein Leben wie alle anderen verlassen würden.

Han visste at posttogførerne forlot livet hans som alle andre.

Sie folgten Perrault und François, die nun unwiederbringlich verschwunden waren.

De fulgte Perrault og François, som nå var ubrukelige å huske.

Buck und das Team wurden in das schlampige Lager ihrer neuen Besitzer geführt.

Buck og teamet ble ført til sine nye eiers slurvete leir.

Das Zelt hing durch, das Geschirr war schmutzig und alles lag in Unordnung.

Teltet hang, oppvasken var skitten, og alt lå i uorden.

Buck bemerkte dort auch eine Frau – Mercedes, Charles' Frau und Hals Schwester.

Buck la også merke til en kvinne der – Mercedes, Charles' kone og Hals søster.

Sie bildeten eine vollständige Familie, obwohl sie alles andere als für den Wanderpfad geeignet waren.

De utgjorde en komplett familie, men langt fra egnet til løypa.

Buck beobachtete nervös, wie das Trio begann, die Vorräte einzupacken.

Buck så nervøst på mens trioen begynte å pakke utstyret.

Sie arbeiteten hart, aber ohne Ordnung – nur Aufhebens und vergeudete Mühe.

De jobbet hardt, men uten orden – bare styr og bortkastet innsats.

Das Zelt war zu einer sperrigen Form zusammengerollt und viel zu groß für den Schlitten.

Teltet var rullet sammen til en klumpete form, altfor stor for sleden.

Schmutziges Geschirr wurde eingepackt, ohne dass es gespült oder getrocknet worden wäre.

Skitten oppvask ble pakket uten å bli rengjort eller tørket i det hele tatt.

Mercedes flatterte herum, redete, korrigierte und mischte sich ständig ein.

Mercedes flagret rundt, snakket, korrigerte og blandet seg stadig vekk.

Als ein Sack vorne platziert wurde, bestand sie darauf, dass er hinten drankam.

Da en sekk ble plassert foran, insisterte hun på at den skulle legges på baksiden.

Sie packte den Sack ganz unten rein und im nächsten Moment brauchte sie ihn.

Hun pakket sekken i bunnen, og i neste øyeblikk trengte hun den.

Also wurde der Schlitten erneut ausgepackt, um an die eine bestimmte Tasche zu gelangen.

Så ble sleden pakket ut igjen for å nå den ene spesifikke sekken.

In der Nähe standen drei Männer vor einem Zelt und beobachteten die Szene.

I nærheten sto tre menn utenfor et telt og så på hendelsen som utspilte seg.

Sie lächelten, zwinkerten und grinsten über die offensichtliche Verwirrung der Neuankömmlinge.

De smilte, blunket og gliste av nykommernes åpenbare forvirring.

„Sie haben schon eine ziemlich schwere Last", sagte einer der Männer.

«Du har allerede en skikkelig tung last», sa en av mennene.

„Ich glaube nicht, dass Sie das Zelt tragen sollten, aber es ist Ihre Entscheidung."

«Jeg synes ikke du bør bære det teltet, men det er ditt valg.»

„Unvorstellbar!", rief Mercedes und warf verzweifelt die Hände in die Luft.

«Uansett!» ropte Mercedes og slo hendene i været i fortvilelse.

„Wie könnte ich ohne Zelt reisen, unter dem ich übernachten kann?"

«Hvordan skulle jeg i det hele tatt kunne reise uten et telt å overnatte i?»

„Es ist Frühling – Sie werden kein kaltes Wetter mehr erleben", antwortete der Mann.

«Det er vår – du kommer ikke til å se kaldt vær igjen», svarte mannen.

Aber sie schüttelte den Kopf und sie stapelten weiterhin Gegenstände auf den Schlitten.

Men hun ristet på hodet, og de fortsatte å stable gjenstander oppå sleden.

Als sie die letzten Dinge hinzufügten, türmte sich die Ladung gefährlich hoch auf.

Lasten tårnet seg faretruende høyt da de la til de siste tingene.

„Glauben Sie, der Schlitten fährt?", fragte einer der Männer mit skeptischem Blick.

«Tror du sleden vil kjøre?» spurte en av mennene med et skeptisk blikk.

„Warum sollte es nicht?", blaffte Charles mit scharfer Verärgerung zurück.

«Hvorfor skulle det ikke?» glefset Charles tilbake med skarp irritasjon.

„Oh, das ist schon in Ordnung", sagte der Mann schnell und wich seiner Beleidigung aus.

«Å, det er greit», sa mannen raskt, og trakk seg unna fornærmelsen.

„Ich habe mich nur gewundert – es sah für mich einfach ein bisschen zu kopflastig aus."

«Jeg bare lurte – den så bare litt for tung ut på toppen.»

Charles drehte sich um und band die Ladung so gut fest, wie er konnte.

Charles snudde seg bort og bandt fast lasten så godt han kunne.

Allerdings waren die Zurrgurte locker und die Verpackung insgesamt schlecht ausgeführt.

Men surringene var løse og pakkingen dårlig utført generelt.

„Klar, die Hunde machen das den ganzen Tag", sagte ein anderer Mann sarkastisch.

«Jada, hundene kommer til å trekke med den hele dagen», sa en annen mann sarkastisk.

„Natürlich", antwortete Hal kalt und packte die lange Lenkstange des Schlittens.

«Selvfølgelig», svarte Hal kaldt og grep tak i den lange gee-stangen på sleden.

Mit einer Hand an der Stange schwang er mit der anderen die Peitsche.

Med den ene hånden på stangen svingte han pisken i den andre.

„Los geht's!", rief er. „Bewegt euch!", und trieb die Hunde zum Aufbruch an.

«La oss gå!» ropte han. «Flytt på!» og oppfordret hundene til å sette i gang.

Die Hunde lehnten sich in das Geschirr und spannten sich einige Augenblicke lang an.

Hundene lente seg inn i selen og anstrengte seg i noen øyeblikk.

Dann blieben sie stehen, da sie den überladenen Schlitten keinen Zentimeter bewegen konnten.

Så stoppet de, ute av stand til å rikke den overlastede sleden en tomme.

„Diese faulen Bestien!", schrie Hal und hob die Peitsche, um sie zu schlagen.

«De late beistene!» ropte Hal og løftet pisken for å slå dem.

Doch Mercedes stürzte herein und riss Hal die Peitsche aus der Hand.

Men Mercedes stormet inn og grep pisken fra Hals hender.

„Oh, Hal, wage es ja nicht, ihnen wehzutun", rief sie alarmiert.

«Å, Hal, ikke våg å skade dem!» ropte hun forferdet.

„Versprich mir, dass du nett zu ihnen bist, sonst gehe ich keinen Schritt weiter."

«Lov meg at du skal være snill mot dem, ellers går jeg ikke et skritt til.»

„Du weißt nichts über Hunde", fuhr Hal seine Schwester an.

«Du aner ikke en dæsj om hunder», glefset Hal til søsteren sin.

„Sie sind faul, und die einzige Möglichkeit, sie zu bewegen, besteht darin, sie zu peitschen."

«De er late, og den eneste måten å flytte dem på er å piske dem.»

„Fragen Sie irgendjemanden – fragen Sie einen dieser Männer dort drüben, wenn Sie mir nicht glauben."

«Spør hvem som helst – spør en av de mennene der borte hvis du tviler på meg.»

Mercedes sah die Zuschauer mit flehenden, tränennassen Augen an.

Mercedes så på tilskuerne med bedende, tårevåte øyne.

Ihr Gesicht zeigte, wie sehr sie den Anblick jeglichen Schmerzes hasste.

Ansiktet hennes viste hvor dypt hun hatet synet av smerte.

„Sie sind schwach, das ist alles", sagte ein Mann. „Sie sind erschöpft."

«De er svake, det er alt», sa en mann. «De er utslitte.»

„Sie brauchen Ruhe – sie haben zu lange ohne Pause gearbeitet."

«De trenger hvile – de har jobbet for lenge uten pause.»

„Der Rest sei verflucht", murmelte Hal mit verzogenen Lippen.

«Forbannet være resten», mumlet Hal med krøllet leppe.

Mercedes schnappte nach Luft, sein grobes Wort schmerzte sie sichtlich.

Mercedes gispet, tydelig plaget av de grove ordene fra ham.

Dennoch blieb sie loyal und verteidigte ihren Bruder sofort.

Likevel forble hun lojal og forsvarte broren sin umiddelbart.

„Kümmere dich nicht um den Mann", sagte sie zu Hal. „Das sind unsere Hunde."

«Ikke bry deg om den mannen», sa hun til Hal. «De er hundene våre.»

„Fahren Sie sie, wie Sie es für richtig halten – tun Sie, was Sie für richtig halten."

«Du kjører dem slik du synes passer – gjør det du synes er riktig.»

Hal hob die Peitsche und schlug die Hunde erneut gnadenlos.

Hal hevet pisken og slo hundene igjen uten nåde.

Sie stürzten sich nach vorne, die Körper tief gebeugt, die Füße in den Schnee gedrückt.

De kastet seg fremover, med kroppene lavt nede og føttene presset ned i snøen.

Sie gaben sich alle Mühe, den Schlitten zu ziehen, aber er bewegte sich nicht.

All deres styrke gikk med til å trekke, men sleden beveget seg ikke.

Der Schlitten blieb wie ein im Schnee festgefrorener Anker stecken.

Kjelken ble stående fast, som et anker som var frosset fast i den pakkete snøen.

Nach einem zweiten Versuch blieben die Hunde wieder stehen und keuchten schwer.

Etter et nytt forsøk stoppet hundene igjen, pesende kraftig.

Hal hob die Peitsche noch einmal, gerade als Mercedes erneut eingriff.

Hal hevet pisken nok en gang, akkurat idet Mercedes blandet seg inn igjen.

Sie fiel vor Buck auf die Knie und umarmte seinen Hals.

Hun falt ned på kne foran Buck og klemte halsen hans.

Tränen traten ihr in die Augen, als sie den erschöpften Hund anflehte.

Tårer fylte øynene hennes mens hun tryglet den utmattede hunden.

„Ihr Armen", sagte sie, „warum zieht ihr nicht einfach stärker?"

«Stakkars kjære,» sa hun, «hvorfor drar dere ikke bare hardere?»

„Wenn du ziehst, wirst du nicht so ausgepeitscht."

«Hvis du drar, så slipper du å bli pisket slik.»

Buck mochte Mercedes nicht, aber er war zu müde, um ihr jetzt zu widerstehen.

Buck mislikte Mercedes, men han var for sliten til å motstå henne nå.

Er akzeptierte ihre Tränen als einen weiteren Teil dieses elenden Tages.

Han aksepterte tårene hennes som bare enda en del av den elendige dagen.

Einer der zuschauenden Männer ergriff schließlich das Wort, nachdem er seinen Ärger unterdrückt hatte.

En av mennene som så på, snakket endelig etter å ha holdt sinnet tilbake.

„Es ist mir egal, was mit euch passiert, Leute, aber diese Hunde sind wichtig."

«Jeg bryr meg ikke om hva som skjer med dere, men hundene betyr noe.»

„Wenn du helfen willst, mach den Schlitten los – er ist am Schnee festgefroren."

«Hvis du vil hjelpe til, så løsne den sleden – den er frosset fast i snøen.»

„Drücken Sie fest auf die Gee-Stange, rechts und links, und brechen Sie die Eisversiegelung."

«Trykk hardt på stangen, til høyre og venstre, og bryt isforseglingen.»

Ein dritter Versuch wurde unternommen, diesmal auf Vorschlag des Mannes.

Et tredje forsøk ble gjort, denne gangen etter mannens forslag.

Hal schaukelte den Schlitten von einer Seite auf die andere und löste so die Kufen.

Hal gynget sleden fra side til side, slik at meiene løsnet.

Obwohl der Schlitten überladen und unhandlich war, machte er schließlich einen Satz nach vorne.

Sleden, selv om den var overlastet og klossete, svingte endelig fremover.

Buck und die anderen zogen wild, angetrieben von einem Sturm aus Schleudertraumen.

Buck og de andre dro vilt, drevet av en storm av nappesleng.

Hundert Meter weiter machte der Weg eine Biegung und führte in die Straße hinein.

Hundre meter foran svingte stien og skrånet ut i gaten.

Um den Schlitten aufrecht zu halten, hätte es eines erfahrenen Fahrers bedurft.

Det ville ha krevd en dyktig fører for å holde sleden oppreist.

Hal war nicht geschickt und der Schlitten kippte, als er um die Kurve schwang.

Hal var ikke dyktig, og sleden tippet da den svingte rundt svingen.

Lose Zurrgurte gaben nach und die Hälfte der Ladung ergoss sich auf den Schnee.

Løse surringer ga etter, og halve lasten rant utover snøen.

Die Hunde hielten nicht an; der leichtere Schlitten flog auf der Seite weiter.

Hundene stoppet ikke; den lettere sleden fløy avgårde på siden.

Wütend über die Beschimpfungen und die schwere Last rannten die Hunde noch schneller.

Sinte etter mishandling og den tunge byrden, løp hundene fortere.

Buck rannte wütend los und das Team folgte ihm.

Buck, i raseri, begynte å løpe, med spannet i hælene.

Hal rief „Whoa! Whoa!", aber das Team beachtete ihn nicht.

Hal ropte «Whoa! Whoa!» men teamet brydde seg ikke om ham.

Er stolperte, fiel und wurde am Geschirr über den Boden geschleift.

Han snublet, falt og ble dratt langs bakken etter selen.

Der umgekippte Schlitten wurde über ihn geworfen, als die Hunde weiterrasten.

Den veltede sleden dunket over ham mens hundene løp videre.

Die restlichen Vorräte verteilten sich über die belebte Straße von Skaguay.

Resten av forsyningene lå spredt over Skaguays travle gate.

Gutherzige Menschen eilten herbei, um die Hunde anzuhalten und die Ausrüstung einzusammeln.

Snille mennesker skyndte seg for å stoppe hundene og samle utstyret.

Sie gaben den neuen Reisenden auch direkte und praktische Ratschläge.

De ga også råd, direkte og praktiske, til de nye reisende.

„Wenn Sie Dawson erreichen wollen, nehmen Sie die halbe Ladung und die doppelte Anzahl an Hunden mit."

«Hvis du vil nå Dawson, ta halvparten av lasten og doble hundene.»

Hal, Charles und Mercedes hörten zu, wenn auch nicht mit Begeisterung.

Hal, Charles og Mercedes lyttet, men ikke med entusiasme.

Sie bauten ihr Zelt auf und begannen, ihre Vorräte zu sortieren.

De slo opp teltet sitt og begynte å sortere utstyret sitt.

Heraus kamen Konserven, die die Zuschauer laut lachen ließen.

Ut kom hermetikkvarer, noe som fikk tilskuerne til å le høyt.

„Konserven auf dem Weg? Bevor die schmelzen, verhungern Sie", sagte einer.

«Hermetiske ting på stien? Du kommer til å sulte før det smelter», sa en av dem.

„Hoteldecken? Die wirfst du am besten alle weg."

«Hotelltepper? Det er bedre å kaste dem alle ut.»

„Schmeißen Sie auch das Zelt weg, und hier spült niemand mehr Geschirr."

«Kast teltet også, så vasker ingen opp her.»

„Sie glauben, Sie fahren in einem Pullman-Zug mit Bediensteten an Bord?"

«Tror du at du kjører Pullman-tog med tjenere om bord?»

Der Prozess begann – jeder nutzlose Gegenstand wurde beiseite geworfen.

Prosessen begynte – alle ubrukelige gjenstander ble kastet til side.

Mercedes weinte, als ihre Taschen auf den schneebedeckten Boden geleert wurden.

Mercedes gråt da bagasjen hennes ble tømt ut på den snødekte bakken.

Sie schluchzte ohne Pause über jeden einzelnen hinausgeworfenen Gegenstand.

Hun hulket over hver gjenstand som ble kastet ut, én etter én, uten pause.

Sie schwor, keinen Schritt weiterzugehen – nicht einmal für zehn Charleses.

Hun sverget på å ikke gå et skritt til – ikke engang for ti karle.

Sie flehte alle Menschen in ihrer Nähe an, ihr ihre wertvollen Sachen zu überlassen.

Hun tryglet alle i nærheten om å la henne beholde de dyrebare tingene sine.

Schließlich wischte sie sich die Augen und begann, auch die wichtigsten Kleidungsstücke wegzuwerfen.

Til slutt tørket hun øynene og begynte å kaste selv de viktigste klærne.

Als sie mit ihrem eigenen fertig war, begann sie, die Vorräte der Männer auszuräumen.

Da hun var ferdig med sine egne, begynte hun å tømme mennenes forsyninger.

Wie ein Wirbelwind verwüstete sie die Habseligkeiten von Charles und Hal.

Som en virvelvind rev hun seg gjennom Charles og Hals eiendeler.

Obwohl die Ladung halbiert wurde, war sie immer noch viel schwerer als nötig.

Selv om lasten ble halvert, var den fortsatt langt tyngre enn nødvendig.

In dieser Nacht gingen Charles und Hal los und kauften sechs neue Hunde.

Den kvelden dro Charles og Hal ut og kjøpte seks nye hunder.

Diese neuen Hunde gesellten sich zu den ursprünglichen sechs, plus Teek und Koona.

Disse nye hundene ble med i de opprinnelige seks, pluss Teek og Koona.

Zusammen bildeten sie ein Gespann aus vierzehn Hunden, die vor den Schlitten gespannt wurden.

Sammen utgjorde de et spann på fjorten hunder spent for sleden.

Doch die neuen Hunde waren für die Schlittenarbeit ungeeignet und schlecht ausgebildet.

Men de nye hundene var uskikket og dårlig trent for sledearbeid.

Drei der Hunde waren kurzhaarige Vorstehhunde und einer war ein Neufundländer.

Tre av hundene var korthårede pointerer, og én var en newfoundlander.

Bei den letzten beiden Hunden handelte es sich um Mischlinge ohne eindeutige Rasse oder Zweckbestimmung.

De to siste hundene var muttar utan klar rase eller formål i det heile tatt.

Sie haben den Weg nicht verstanden und ihn nicht schnell gelernt.

De forsto ikke løypa, og de lærte den ikke raskt.

Buck und seine Kameraden beobachteten sie mit Verachtung und tiefer Verärgerung.

Buck og kameratene hans så på dem med hån og dyp irritasjon.

Obwohl Buck ihnen beibrachte, was sie nicht tun sollten, konnte er ihnen keine Pflicht beibringen.

Selv om Buck lærte dem hva de ikke skulle gjøre, kunne han ikke lære dem plikt.

Sie kamen mit dem Leben auf dem Wanderpfad und dem Ziehen von Zügeln und Schlitten nicht gut zurecht.

De tålte ikke livet på løypa eller tøyler og sleder.

Nur die Mischlinge versuchten, sich anzupassen, und selbst ihnen fehlte der Kampfgeist.

Bare blandingsdyrene prøvde å tilpasse seg, og selv de manglet kampånd.

Die anderen Hunde waren durch ihr neues Leben verwirrt, geschwächt und gebrochen.

De andre hundene var forvirrede, svekkede og knuste av sitt nye liv.

Da die neuen Hunde ahnungslos und die alten erschöpft waren, gab es kaum Hoffnung.

Med de nye hundene uvitende og de gamle utslitte, var håpet lite.

Bucks Team hatte zweitausendfünfhundert Meilen eines rauen Pfades zurückgelegt.

Bucks team hadde tilbakelagt 2500 mil med ulendt sti.

Dennoch waren die beiden Männer fröhlich und stolz auf ihr großes Hundegespann.

Likevel var de to mennene blide og stolte av sitt store hundespann.

Sie dachten, sie würden mit Stil reisen, mit vierzehn Hunden an der Leine.

De trodde de reiste med stil, med fjorten hunder spent.

Sie hatten gesehen, wie Schlitten nach Dawson aufbrachen und andere von dort ankamen.

De hadde sett sleder dra til Dawson, og andre ankomme derfra.

Aber noch nie hatten sie eins gesehen, das von bis zu vierzehn Hunden gezogen wurde.

Men aldri hadde de sett en trukket av så mange som fjorten hunder.

Es gab einen Grund, warum solche Teams in der arktischen Wildnis selten waren.

Det var en grunn til at slike lag var sjeldne i den arktiske villmarken.

Kein Schlitten konnte genug Futter transportieren, um vierzehn Hunde für die Reise zu versorgen.

Ingen slede kunne frakte nok mat til å fø fjorten hunder på turen.

Aber Charles und Hal wussten das nicht – sie hatten nachgerechnet.

Men Charles og Hal visste ikke det – de hadde gjort regnestykket.

Sie haben das Futter berechnet: so viel pro Hund, so viele Tage, fertig.

De skrev ned maten med blyant: så mye per hund, så mange dager, ferdig.

Mercedes betrachtete ihre Zahlen und nickte, als ob es Sinn machte.

Mercedes så på tallene deres og nikket som om det ga mening.

Zumindest auf dem Papier erschien ihr alles sehr einfach.

Alt virket veldig enkelt for henne, i hvert fall på papiret.

Am nächsten Morgen führte Buck das Team langsam die verschneite Straße hinauf.

Neste morgen ledet Buck teamet sakte opp den snødekte gaten.

Weder er noch die Hunde hinter ihm hatten Energie oder Tatendrang.

Det var verken energi eller mot i ham eller hundene bak ham.

Sie waren von Anfang an todmüde, es waren keine Reserven mehr vorhanden.

De var dødsslite fra starten av – det var ingen reserve igjen.

Buck hatte bereits vier Fahrten zwischen Salt Water und Dawson unternommen.

Buck hadde allerede reist fire ganger mellom Salt Water og Dawson.

Als er nun erneut vor derselben Spur stand, empfand er nichts als Bitterkeit.

Nå, stilt overfor den samme sti igjen, følte han ingenting annet enn bitterhet.

Er war nicht mit dem Herzen dabei und die anderen Hunde auch nicht.

Hans hjerte var ikke med i det, og det var heller ikke hjertene til de andre hundene.

Die neuen Hunde waren schüchtern und den Huskys fehlte jegliches Vertrauen.

De nye hundene var sky, og huskyene manglet all tillit.

Buck spürte, dass er sich auf diese beiden Männer oder ihre Schwester nicht verlassen konnte.

Buck følte at han ikke kunne stole på disse to mennene eller søsteren deres.

Sie wussten nichts und zeigten auf dem Weg keine Anzeichen, etwas zu lernen.

De visste ingenting og viste ingen tegn til å lære underveis.

Sie waren unorganisiert und es fehlte ihnen jeglicher Sinn für Disziplin.

De var uorganiserte og manglet enhver sans for disiplin.

Sie brauchten jedes Mal die halbe Nacht, um ein schlampiges Lager aufzubauen.

Det tok dem halve natten å sette opp en slurvete leir hver gang.

Und den halben nächsten Morgen verbrachten sie wieder damit, am Schlitten herumzufummeln.

Og halve neste morgen brukte de på å fomle med sleden igjen.

Gegen Mittag hielten sie oft nur an, um die ungleichmäßige Beladung zu korrigieren.

Ved middagstid stoppet de ofte bare for å fikse den ujevne lasten.

An manchen Tagen legten sie insgesamt weniger als sechzehn Kilometer zurück.

Noen dager reiste de mindre enn ti mil totalt.

An anderen Tagen schafften sie es überhaupt nicht, das Lager zu verlassen.

Andre dager klarte de ikke å forlate leiren i det hele tatt.

Sie kamen nie auch nur annähernd an die geplante Nahrungsdistanz heran.

De kom aldri i nærheten av å tilbakelegge den planlagte matavstanden.

Wie erwartet ging das Futter für die Hunde sehr schnell aus.

Som forventet gikk de raskt tom for mat til hundene.

Sie haben die Sache noch schlimmer gemacht, indem sie in den ersten Tagen zu viel gefüttert haben.

De gjorde vondt verre ved å overfôre i begynnelsen.

Mit jeder unvorsichtigen Ration rückte der Hungertod näher.

Dette brakte sulten nærmere med hver uforsiktige rasjonering.

Die neuen Hunde hatten nicht gelernt, mit sehr wenig zu überleben.

De nye hundene hadde ikke lært å overleve på særlig lite.

Sie aßen hungrig, ihr Appetit war zu groß für den Weg.

De spiste sultent, med en appetitt som var for stor for stien.

Als Hal sah, wie die Hunde schwächer wurden, glaubte er, dass das Futter nicht ausreichte.

Da Hal så hundene svekke seg, trodde han at maten ikke var nok.

Er verdoppelte die Rationen und verschlimmerte damit den Fehler noch.

Han doblet rasjonene, noe som gjorde feilen enda verre.

Mercedes verschärfte das Problem mit Tränen und leisem Flehen.

Mercedes forverret problemet med tårer og lav tryglende bønn.

Als sie Hal nicht überzeugen konnte, fütterte sie die Hunde heimlich.

Da hun ikke klarte å overbevise Hal, matet hun hundene i hemmelighet.

Sie stahl den Fisch aus den Säcken und gab ihn ihnen hinter seinem Rücken.

Hun stjal fra fiskesekkene og ga det til dem bak ryggen hans.

Doch was die Hunde wirklich brauchten, war nicht mehr Futter, sondern Ruhe.

Men det hundene egentlig trengte var ikke mer mat – det var hvile.

Sie kamen nur langsam voran, aber der schwere Schlitten schleppte sich trotzdem weiter.

De hadde dårlig tid, men den tunge sleden slepte fortsatt videre.

Allein dieses Gewicht zehrte jeden Tag an ihrer verbleibenden Kraft.

Bare den vekten tappet for den gjenværende styrken hver dag.

Dann kam es zur Phase der Unterernährung, da die Vorräte zur Neige gingen.

Så kom stadiet med underfôring ettersom forsyningene gikk tom.

Eines Morgens stellte Hal fest, dass die Hälfte des Hundefutters bereits weg war.

Hal innså en morgen at halvparten av hundematen allerede var borte.

Sie hatten nur ein Viertel der gesamten Wegstrecke zurückgelegt.

De hadde bare tilbakelagt en fjerdedel av den totale distansen på løypa.

Es konnten keine Lebensmittel mehr gekauft werden, egal zu welchem Preis.

Ikke mer mat kunne kjøpes, uansett hvilken pris som ble tilbudt.

Er reduzierte die Portionen der Hunde unter die normale Tagesration.

Han reduserte hundenes porsjoner til under standard daglig rasjon.

Gleichzeitig forderte er längere Reisemöglichkeiten, um die Verluste auszugleichen.

Samtidig krevde han lengre reisetid for å kompensere for tapet.

Mercedes und Charles unterstützten diesen Plan, scheiterten jedoch bei der Umsetzung.

Mercedes og Charles støttet denne planen, men mislyktes i gjennomføringen.

Ihr schwerer Schlitten und ihre mangelnden Fähigkeiten machten ein Vorankommen nahezu unmöglich.

Den tunge sleden og mangelen på ferdigheter gjorde fremgang nesten umulig.

Es war einfach, weniger Futter zu geben, aber unmöglich, mehr Anstrengung zu erzwingen.

Det var lett å gi mindre mat, men umulig å tvinge frem mer innsats.

Sie konnten weder früher anfangen, noch konnten sie Überstunden machen.

De kunne ikke starte tidlig, og de kunne heller ikke reise i ekstra timer.

Sie wussten nicht, wie sie mit den Hunden und überhaupt mit sich selbst arbeiten sollten.

De visste ikke hvordan de skulle jobbe med hundene, og heller ikke seg selv for den saks skyld.

Der erste Hund, der starb, war Dub, der unglückliche, aber fleißige Dieb.

Den første hunden som døde var Dub, den uheldige, men hardtarbeidende tyven.

Obwohl Dub oft bestraft wurde, leistete er ohne zu klagen seinen Beitrag.

Selv om Dub ofte ble straffet, hadde han holdt sitt strå uten å klage.

Seine Schulterverletzung verschlimmerte sich ohne Pflege und nötige Ruhe.

Den skadde skulderen hans ble verre uten pleie eller behov for hvile.

Schließlich beendete Hal mit dem Revolver Dubs Leiden.

Til slutt brukte Hal revolveren til å få slutt på Dubs lidelse.

Ein gängiges Sprichwort besagt, dass normale Hunde an der Husky-Ration sterben.

Et vanlig ordtak hevdet at vanlige hunder dør på husky-rasjoner.

Bucks sechs neue Gefährten bekamen nur die Hälfte des Futteranteils des Huskys.

Bucks seks nye følgesvenner fikk bare halvparten av huskyens andel av mat.

Zuerst starb der Neufundländer, dann die drei kurzhaarigen Vorstehhunde.

Newfoundlanderen døde først, deretter de tre korthårede pointerhundene.

Die beiden Mischlinge hielten länger durch, kamen aber schließlich wie die anderen um.

De to blandingsdyrene holdt ut lenger, men omkom til slutt i likhet med resten.

Zu diesem Zeitpunkt waren alle Annehmlichkeiten und die Sanftheit des Südens verschwunden.

På dette tidspunktet var alle fasilitetene og den rolige atmosfæren i Sørlandet borte.

Die drei Menschen hatten die letzten Spuren ihrer zivilisierten Erziehung abgelegt.

De tre menneskene hadde lagt av seg de siste sporene av sin siviliserte oppvekst.

Ohne Glamour und Romantik wurde das Reisen in die Arktis zur brutalen Realität.

Strippet for glamour og romantikk ble arktiske reiser brutalt virkelige.

Es war eine Realität, die zu hart für ihr Männlichkeits- und Weiblichkeitsgefühl war.

Det var en virkelighet som var for hard for deres oppfatning av manndom og kvinnelighet.

Mercedes weinte nicht mehr um die Hunde, sondern nur noch um sich selbst.

Mercedes gråt ikke lenger over hundene, men nå gråt hun bare over seg selv.

Sie verbrachte ihre Zeit damit, zu weinen und mit Hal und Charles zu streiten.

Hun brukte tiden sin på å gråte og krangle med Hal og Charles.

Streiten war das Einzige, wozu sie nie zu müde waren.

Krangel var det eneste de aldri var for slitne til å gjøre.

Ihre Gereiztheit rührte vom Elend her, wuchs mit ihm und übertraf es.

Irritabiliteten deres kom fra elendighet, vokste med den og overgikk den.

Die Geduld des Weges, die diejenigen kennen, die sich abmühen und freundlich leiden, kam nie.

Tålmodigheten på stien, kjent for de som sliter og lider
vennlig, kom aldri.

**Diese Geduld, die die Sprache trotz Schmerzen süß hält, war
ihnen unbekannt.**

Den tålmodigheten, som holder talen søt gjennom smerte, var
ukjent for dem.

**Sie besaßen nicht die geringste Spur von Geduld und
schöpften keine Kraft aus dem anmutigen Leiden.**

De hadde ikke et snev av tålmodighet, ingen styrke hentet fra
lidelse med nåde.

**Sie waren steif vor Schmerz – ihre Muskeln, Knochen und
ihr Herz schmerzten.**

De var stive av smerter – det var verk i muskler, bein og
hjerter.

**Aus diesem Grund bekamen sie eine scharfe Zunge und
waren schnell im Umgang mit harten Worten.**

På grunn av dette ble de skarpe i tungen og snar til harde ord.

**Jeder Tag begann und endete mit wütenden Stimmen und
bitteren Klagen.**

Hver dag begynte og sluttet med sinte stemmer og bitre
klager.

**Charles und Hal stritten sich, wann immer Mercedes ihnen
eine Chance gab.**

Charles og Hal kranglet hver gang Mercedes ga dem en sjanse.

**Jeder Mann glaubte, dass er mehr als seinen gerechten
Anteil an der Arbeit geleistet hatte.**

Hver mann mente at han gjorde mer enn sin rettmessige andel
av arbeidet.

**Keiner von beiden ließ es sich je entgehen, dies immer
wieder zu sagen.**

Ingen av dem gikk noen gang glipp av en sjanse til å si det,
igjen og igjen.

**Manchmal stand Mercedes auf der Seite von Charles,
manchmal auf der Seite von Hal.**

Noen ganger tok Mercedes parti med Charles, noen ganger
med Hal.

Dies führte zu einem großen und endlosen Streit zwischen den dreien.

Dette førte til en stor og endeløs krangel mellom de tre.

Ein Streit darüber, wer Brennholz hacken sollte, geriet außer Kontrolle.

En krangel om hvem som skulle hogge ved kom ut av kontroll.

Bald wurden Väter, Mütter, Cousins und verstorbene Verwandte genannt.

Snart ble fedre, mødre, søskenbarn og avdøde slektninger navngitt.

Hal's Ansichten über Kunst oder die Theaterstücke seines Onkels wurden Teil des Kampfes.

Hals syn på kunst eller onkelens skuespill ble en del av kampen.

Auch Charles' politische Überzeugungen wurden in die Debatte einbezogen.

Charles' politiske overbevisninger kom også inn i debatten.

Für Mercedes schienen sogar die Gerüchte über die Schwester ihres Mannes relevant zu sein.

For Mercedes virket til og med sladderet fra ektemannens søster relevant.

Sie äußerte ihre Meinung dazu und zu vielen Fehlern in Charles' Familie.

Hun luftet meninger om det og om mange av Charles' families feil.

Während sie stritten, blieb das Feuer aus und das Lager war halb fertig.

Mens de kranglet, forble bålet slukket og leiren halvveis satt opp.

In der Zwischenzeit waren die Hunde unterkühlt und hatten nichts zu fressen.

I mellomtiden forble hundene kalde og uten mat.

Mercedes hegte einen Groll, den sie als zutiefst persönlich betrachtete.

Mercedes hadde en klage hun anså som svært personlig.

Sie fühlte sich als Frau misshandelt und fühlte sich ihrer Privilegien beraubt.

Hun følte seg dårlig behandlet som kvinne, nektet sine milde privilegier.

Sie war hübsch und sanft und pflegte ihr ganzes Leben lang ritterliche Gesten.

Hun var pen og myk, og pleide å være ridderlig hele livet.

Doch ihr Mann und ihr Bruder begegneten ihr nun mit Ungeduld.

Men mannen og broren hennes behandlet henne nå med utålmodighet.

Sie hatte die Angewohnheit, sich hilflos zu verhalten, und sie begannen, sich zu beschweren.

Hennes vane var å oppføre seg hjelpeløs, og de begynte å klage.

Sie war davon beleidigt und machte ihnen das Leben noch schwerer.

Fornærmet av dette gjorde hun livene deres enda vanskeligere.

Sie ignorierte die Hunde und bestand darauf, den Schlitten selbst zu fahren.

Hun ignorerte hundene og insisterte på å kjøre sleden selv.

Obwohl sie von leichter Gestalt war, wog sie fünfundvierzig Kilo.

Selv om hun var lett av utseende, veide hun 45 kilo.

Diese zusätzliche Belastung war zu viel für die hungernden, schwachen Hunde.

Den ekstra byrden var for mye for de sultende, svake hundene.

Trotzdem ritt sie tagelang, bis die Hunde in den Zügeln zusammenbrachen.

Likevel red hun i dagevis, helt til hundene kollapset i tøylene.

Der Schlitten stand still und Charles und Hal baten sie, zu laufen.

Sleden sto stille, og Charles og Hal tryglet henne om å gå.

Sie flehten und flehten, aber sie weinte und nannte sie grausam.

De tryglet og tryglet, men hun gråt og kalte dem grusomme.

Einmal zogen sie sie mit purer Kraft und Wut vom Schlitten.

Ved en anledning dro de henne av sleden med ren makt og sinne.

Nach dem, was damals passiert ist, haben sie es nie wieder versucht.

De prøvde aldri igjen etter det som skjedde den gangen.

Sie wurde schlaff wie ein verwöhntes Kind und setzte sich in den Schnee.

Hun slapp som et bortskjemt barn og satte seg i snøen.

Sie gingen weiter, aber sie weigerte sich aufzustehen oder ihnen zu folgen.

De gikk videre, men hun nektet å reise seg eller følge etter.

Nach drei Meilen hielten sie an, kehrten um und trugen sie zurück.

Etter tre mil stoppet de, returnerte og bar henne tilbake.

Sie luden sie wieder auf den Schlitten, wobei sie erneut rohe Gewalt anwandten.

De lastet henne opp på sleden igjen, igjen med rå styrke.

In ihrem tiefen Elend zeigten sie gegenüber dem Leid der Hunde keine Skrupel.

I sin dype elendighet var de følelsesløse overfor hundenes lidelse.

Hal glaubte, man müsse sich abhärten und zwang anderen diesen Glauben auf.

Hal mente at man måtte forherdes, og tvang den troen på andre.

Er versuchte zunächst, seiner Schwester seine Philosophie zu predigen

Han prøvde først å forkynne filosofien sin til søsteren sin

und dann predigte er erfolglos seinem Schwager.

og så, uten hell, prekte han for svogeren sin.

Bei den Hunden hatte er mehr Erfolg, aber nur, weil er ihnen weh tat.

Han hadde mer suksess med hundene, men bare fordi han skadet dem.

Bei Five Fingers ist das Hundefutter komplett ausgegangen.

Hos Five Fingers gikk hundeforet helt tomt.

Eine zahnlose alte Squaw verkaufte ein paar Pfund gefrorenes Pferdeleder

En tannløs gammel squat solgte noen få kilo frossent hesteskinn

Hal tauschte seinen Revolver gegen das getrocknete Pferdefell.

Hal byttet revolveren sin mot det tørkede hesteskinnet.

Das Fleisch stammte von den Pferden der Viehzüchter, die Monate zuvor verhungert waren.

Kjøttet hadde kommet fra utsultede hester eller kvegoppdrettere måneder tidligere.

Gefroren war die Haut wie verzinktes Eisen: zäh und ungenießbar.

Frossen var skinnet som galvanisert jern; seigt og uspiselig.

Die Hunde mussten endlos auf dem Fell herumkauen, um es zu fressen.

Hundene måtte tygge uendelig på skinnet for å spise det.

Doch die ledrigen Fäden und das kurze Haar waren kaum Nahrung.

Men de læraktige strengene og det korte håret var neppe næring.

Das Fell war größtenteils irritierend und kein echtes Nahrungsmittel.

Det meste av skinnet var irriterende, og ikke mat i noen egentlig forstand.

Und während all dem taumelte Buck vorne herum, wie in einem Albtraum.

Og gjennom alt dette sjanglet Buck foran, som i et mareritt.

Er zog, wenn er dazu in der Lage war; wenn nicht, blieb er liegen, bis er mit einer Peitsche oder einem Knüppel hochgehoben wurde.

Han dro når han kunne; når han ikke kunne, lå han til pisken eller køllen løftet ham.

Sein feines, glänzendes Fell hatte jegliche Steifheit und jeglichen Glanz verloren, den es einst hatte.

Den fine, blanke pelsen hans hadde mistet all stivhet og glans den en gang hadde.

Sein Haar hing schlaff herunter, war zerzaust und mit getrocknetem Blut von den Schlägen verklebt.

Håret hans hang slapp, bustete og klumpete av tørket blod etter slagene.

Seine Muskeln schrumpften zu Sehnen und seine Fleischpolster waren völlig abgenutzt.

Musklene hans krympet til strenger, og kjøttputene hans var slitt bort.

Jede Rippe, jeder Knochen war deutlich durch die Falten der runzligen Haut zu sehen.

Hvert ribbein, hvert bein syntes tydelig gjennom folder av rynkete hud.

Es war herzzerreißend, doch Bucks Herz konnte nicht brechen.

Det var hjerteskjærende, men Bucks hjerte kunne ikke knuses.

Der Mann im roten Pullover hatte das getestet und vor langer Zeit bewiesen.

Mannen i den røde genseren hadde testet det og bevist det for lenge siden.

So wie es bei Buck war, war es auch bei allen seinen übrigen Teamkollegen.

Som det var med Buck, slik var det også med alle hans gjenværende lagkamerater.

Insgesamt waren es sieben, jeder einzelne ein wandelndes Skelett des Elends.

Det var sju totalt, hver av dem et vandrende skjelett av elendighet.

Sie waren gegenüber den Peitschenhieben taub geworden und spürten nur noch entfernten Schmerz.

De hadde blitt numne til å piske, og følte bare fjern smerte.

Sogar Bild und Ton erreichten sie nur schwach, wie durch dichten Nebel.

Selv syn og lyd nådde dem svakt, som gjennom en tett tåke.

Sie waren nicht halb lebendig – es waren Knochen mit schwachen Funken darin.

De var ikke halvt levende – de var bein med svake gnister inni.

Als sie angehalten wurden, brachen sie wie Leichen zusammen, ihre Funken waren fast erloschen.

Da de stoppet, kollapset de som lik, gnistene nesten borte.

Und als die Peitsche oder der Knüppel erneut zuschlug, sprühten schwache Funken.

Og når pisken eller køllen slo igjen, blafret gnistene svakt.

Dann erhoben sie sich, taumelten vorwärts und schleiften ihre Gliedmaßen vor sich her.

Så reiste de seg, sjanglet fremover og dro lemmene sine fremover.

Eines Tages stürzte der nette Billee und konnte überhaupt nicht mehr aufstehen.

En dag falt den snille Billee og kunne ikke reise seg i det hele tatt.

Hal hatte seinen Revolver eingetauscht und benutzte stattdessen eine Axt, um Billee zu töten.

Hal hadde byttet revolveren sin, så han brukte en øks til å drepe Billee i stedet.

Er schlug ihm auf den Kopf, schnitt dann seinen Körper los und schleifte ihn weg.

Han slo ham i hodet, skar deretter løs kroppen hans og dro den bort.

Buck sah dies und die anderen auch; sie wussten, dass der Tod nahe war.

Buck så dette, og det gjorde de andre også; de visste at døden var nær.

Am nächsten Tag ging Koona und ließ nur fünf Hunde im hungernden Team zurück.

Neste dag dro Koona, og etterlot bare fem hunder i det sultende spannet.

Joe war nicht länger gemein, sondern zu weit weg, um überhaupt noch viel mitzubekommen.

Joe, ikke lenger slem, var for langt borte til å være klar over stort i det hele tatt.

Pike täuschte seine Verletzung nicht länger vor und war kaum bei Bewusstsein.

Pike, som ikke lenger latet som om han var skadet, var knapt bevisst.

Solleks, der immer noch treu war, beklagte, dass er nicht mehr die Kraft hatte, etwas zu geben.

Solleks, fortsatt trofast, sørget over at han ikke hadde styrke til å gi.

Teek wurde am häufigsten geschlagen, weil er frischer war, aber schnell nachließ.

Teek ble slått mest fordi han var friskere, men forsvant raskt.

Und Buck, der immer noch in Führung lag, sorgte nicht länger für Ordnung und setzte sie auch nicht durch.

Og Buck, fortsatt i ledelsen, opprettholdt eller håndhevet ikke lenger orden.

Halb blind vor Schwäche folgte Buck der Spur nur nach Gefühl.

Halvblind av svakhet fulgte Buck sporet alene på følelsen.

Es war schönes Frühlingswetter, aber keiner von ihnen bemerkte es.

Det var nydelig vårvær, men ingen av dem la merke til det.

Jeden Tag ging die Sonne früher auf und später unter als zuvor.

Hver dag sto solen opp tidligere og gikk ned senere enn før.

Um drei Uhr morgens dämmerte es, die Dämmerung dauerte bis neun Uhr.

Klokken tre om morgenen kom daggryet, og skumringen varte til klokken ni.

Die langen Tage waren erfüllt von der vollen Strahlkraft des Frühlingssonnenscheins.

De lange dagene var fylt med den fulle strålen av vårsol.

Die gespenstische Stille des Winters hatte sich in ein warmes Murmeln verwandelt.

Vinterens spøkelsesaktige stillhet hadde forvandlet seg til en varm mumling.

Das ganze Land erwachte und war erfüllt von der Freude am Leben.

Hele landet våknet, levende av gleden over levende vesener.

Das Geräusch kam von etwas, das den Winter über tot und reglos dagelegen hatte.

Lyden kom fra det som hadde ligget dødt og stille gjennom vinteren.

Jetzt bewegten sich diese Dinger wieder und schüttelten den langen Frostschlaf ab.

Nå beveget disse tingene seg igjen og ristet av seg den lange frostsøvnen.

Saft stieg durch die dunklen Stämme der wartenden Kiefern.

Sevje steg opp gjennom de mørke stammene til de ventende furutrærne.

An jedem Zweig von Weiden und Espen treiben leuchtende junge Knospen aus.

Piletrær og osp får lyse, unge knopper på hver kvist.

Sträucher und Weinreben erstrahlten in frischem Grün, als der Wald zum Leben erwachte.

Busker og slyngplanter fikk friskt grønt idet skogen våknet til liv.

Nachts zirpten Grillen und in der Sonne krabbelten Käfer.

Sirisser kvitret om natten, og insekter krøp i dagslyssolen.

Rebhühner dröhnten und Spechte klopften tief in den Bäumen.

Rapphønsene dundret, og hakkespetter banket dypt oppe i trærne.

Eichhörnchen schnatterten, Vögel sangen und Gänse schnatterten über den Hunden.

Ekorn klukket, fugler sang, og gjess tutet over hundene.

Das Wildgeflügel kam in scharfen Keilen und flog aus dem Süden heran.

Villfuglene kom i skarpe flokker, fløyende opp fra sør.

Von jedem Hügel ertönte die Musik verborgener, rauschender Bäche.

Fra hver åsside kom musikken fra skjulte, brusende bekker.

Alles taute auf, brach, bog sich und geriet wieder in Bewegung.

Alt tint og knakk, bøyde seg og brast i bevegelse igjen.

Der Yukon bemühte sich, die Kälteketten des gefrorenen Eises zu durchbrechen.

Yukon anstrengte seg for å bryte de kalde kjedene av frossen is.

Das Eis schmolz von unten, während die Sonne es von oben zum Schmelzen brachte.

Isen smeltet under, mens solen smeltet den ovenfra.

Luftlöcher öffneten sich, Risse breiteten sich aus und Brocken fielen in den Fluss.

Lufthull åpnet seg, sprekker spredte seg, og biter falt ned i elven.

Inmitten dieses pulsierenden und lodernden Lebens taumelten die Reisenden.

Midt i alt dette sprudlende og flammende livet vaklet de reisende.

Zwei Männer, eine Frau und ein Rudel Huskys liefen wie die Toten.

To menn, en kvinne og en flokk huskyer gikk som døde.

Die Hunde fielen, Mercedes weinte, fuhr aber immer noch Schlitten.

Hundene falt, Mercedes gråt, men kjørte fortsatt sleden.

Hal fluchte schwach und Charles blinzelte mit tränenden Augen.

Hal bannet svakt, og Charles blunket gjennom rennende øyne.

Sie stolperten in John Thorntons Lager an der Mündung des White River.

De snublet inn i John Thorntons leir ved White Rivers munning.

Als sie anhielten, fielen die Hunde flach um, als wären sie alle tot.

Da de stoppet, falt hundene flate, som om alle hadde slått døde.

Mercedes wischte sich die Tränen ab und sah zu John Thornton hinüber.

Mercedes tørket tårene og så bort på John Thornton.

Charles saß langsam und steif auf einem Baumstamm, mit Schmerzen vom Weg.

Charles satt på en tømmerstokk, sakte og stivt, verkende etter stien.

Hal redete, während Thornton das Ende eines Axtstiels schnitzte.

Hal snakket mens Thornton skar ut enden av et økseskaft.

Er schnitzte Birkenholz und antwortete mit kurzen, bestimmten Antworten.

Han hogde bjørkeved og svarte med korte, bestemte svar.

Wenn man ihn fragte, gab er Ratschläge, war sich jedoch sicher, dass diese nicht befolgt würden.

Da han ble spurt, ga han råd, sikker på at det ikke kom til å bli fulgt.

Hal erklärte: „Sie sagten uns, dass das Eis auf dem Weg schmelzen würde."

Hal forklarte: «De fortalte oss at isen på stien var i ferd med å falle av.»

„Sie sagten, wir sollten bleiben, wo wir waren – aber wir haben es bis nach White River geschafft."

«De sa at vi skulle bli her – men vi kom oss til White River.»

Er schloss mit höhnischem Ton, als wolle er einen Sieg in der Not für sich beanspruchen.

Han avsluttet med en hånlig tone, som for å hevde seier i motgang.

„Und sie haben dir die Wahrheit gesagt", antwortete John Thornton Hal ruhig.

«Og de fortalte deg sant», svarte John Thornton stille til Hal.

„Das Eis kann jeden Moment nachgeben – es ist kurz davor, abzufallen."

«Isen kan gi etter når som helst – den er klar til å falle av.»

„Nur durch blindes Glück und ein paar Narren wäre es möglich gewesen, lebend so weit zu kommen."

«Bare blind flaks og dårer kunne ha kommet så langt i live.»

„Ich sage es Ihnen ganz offen: Ich würde mein Leben nicht für alles Gold Alaskas riskieren."

«Jeg sier deg rett ut, jeg ville ikke risikere livet mitt for alt gullet i Alaska.»

„Das liegt wohl daran, dass Sie kein Narr sind", antwortete Hal.

«Det er fordi du ikke er en tosk, antar jeg», svarte Hal.

„Trotzdem fahren wir weiter nach Dawson." Er rollte seine Peitsche ab.

«Likevel går vi videre til Dawson.» Han viklet ut pisken.

„Komm rauf, Buck! Hallo! Steh auf! Los!", rief er barsch.

«Kom deg opp, Buck! Hei! Kom deg opp! Kom igjen!» ropte han hardt.

Thornton schnitzte weiter, wohl wissend, dass Narren nicht auf Vernunft hören.

Thornton fortsatte å snike, vel vitende om at dårer ikke vil høre på fornuft.

Einen Narren aufzuhalten war sinnlos – und zwei oder drei Narren änderten nichts.

Å stoppe en tosk var nytteløst – og to eller tre narrede forandret ingenting.

Doch als das Team Hal's Befehl hörte, bewegte es sich nicht.

Men laget rørte seg ikke ved lyden av Hals kommando.

Jetzt konnten sie nur noch durch Schläge wieder auf die Beine kommen und weiterkommen.

Nå var det bare slag som kunne få dem til å reise seg og trekke seg fremover.

Immer wieder knallte die Peitsche über die geschwächten Hunde.

Pisken smalt igjen og igjen over de svekkede hundene.

John Thornton presste die Lippen fest zusammen und sah schweigend zu.

John Thornton presset leppene tett sammen og så på i stillhet.

Solleks war der Erste, der unter der Peitsche auf die Beine kam.

Solleks var den første som krøp opp på beina under piskingen.

Dann folgte Teek zitternd. Joe schrie auf, als er stolperte.

Så fulgte Teek etter, skjelvende. Joe hylte idet han snublet opp.

Pike versuchte aufzustehen, scheiterte zweimal und stand schließlich unsicher da.

Pike prøvde å reise seg, mislyktes to ganger, og sto til slutt ustø.

Aber Buck blieb liegen, wo er hingefallen war, und bewegte sich dieses Mal überhaupt nicht.

Men Buck lå der han hadde falt, og rørte seg ikke i det hele tatt denne gangen.

Die Peitsche schlug immer wieder auf ihn ein, aber er gab keinen Laut von sich.

Pisken slo ham om og om igjen, men han lagde ingen lyd.

Er zuckte nicht zusammen und wehrte sich nicht, sondern blieb einfach still und ruhig.

Han verken rykket til eller gjorde motstand, bare forble stille og rolig.

Thornton rührte sich mehr als einmal, als wolle er etwas sagen, tat es aber nicht.

Thornton rørte på seg mer enn én gang, som for å snakke, men gjorde det ikke.

Seine Augen wurden feucht und immer noch knallte die Peitsche gegen Buck.

Øynene hans ble våte, og pisken smalt fortsatt mot Buck.

Schließlich begann Thornton langsam auf und ab zu gehen, unsicher, was er tun sollte.

Endelig begynte Thornton å gå sakte frem og tilbake, usikker på hva han skulle gjøre.

Es war das erste Mal, dass Buck versagt hatte, und Hal wurde wütend.

Det var første gang Buck hadde mislyktes, og Hal ble rasende.

Er warf die Peitsche weg und nahm stattdessen die schwere Keule.

Han kastet pisken og plukket opp den tunge køllen i stedet.

Der Holzknüppel schlug hart auf, aber Buck stand immer noch nicht auf, um sich zu bewegen.

Trekøllen falt hardt ned, men Buck reiste seg fortsatt ikke for å røre seg.

Wie seine Teamkollegen war er zu schwach – aber mehr als das.

I likhet med lagkameratene var han for svak – men mer enn det.

Buck hatte beschlossen, sich nicht zu bewegen, egal was als Nächstes passieren würde.

Buck hadde bestemt seg for ikke å flytte, uansett hva som skjedde etterpå.

Er spürte, wie etwas Dunkles und Bestimmtes direkt vor ihm schwebte.

Han følte noe mørkt og sikkert sveve rett foran ham.

Diese Angst hatte ihn ergriffen, sobald er das Flussufer erreicht hatte.

Den frykten hadde grepet ham så snart han nådde elvebredden.

Dieses Gefühl hatte ihn nicht verlassen, seit er das Eis unter seinen Pfoten dünner werden fühlte.

Følelsen hadde ikke forlatt ham siden han kjente isen tynne under potene.

Etwas Schreckliches wartete – er spürte es gleich weiter unten auf dem Weg.

Noe forferdelig ventet – han kjente det rett nede langs stien.

Er würde nicht auf das Schreckliche vor ihm zugehen

Han hadde ikke tenkt å gå mot den forferdelige tingen foran seg.

Er würde keinem Befehl gehorchen, der ihn zu diesem Ding führte.

Han kom ikke til å adlyde noen kommando som førte ham til den tingen.

Der Schmerz der Schläge war für ihn kaum noch spürbar, er war zu weit weg.

Smerten fra slagene berørte ham knapt nå – han var for langt borte.

Der Funke des Lebens flackerte schwach und erlosch unter jedem grausamen Schlag.

Livsgnisten blafret lavt, dempet under hvert grusomme slag.

Seine Glieder fühlten sich fremd an, sein ganzer Körper schien einem anderen zu gehören.

Lemmene hans føltes fjerne; hele kroppen hans syntes å tilhøre en annen.

Er spürte eine seltsame Taubheit, als der Schmerz vollständig nachließ.

Han kjente en merkelig nummenhet idet smerten forsvant helt.

Aus der Ferne spürte er, dass er geschlagen wurde, aber er wusste es kaum.

Langt unna følte han at han ble slått, men han visste det knapt.

Er konnte die Schläge schwach hören, aber sie taten nicht mehr wirklich weh.

Han kunne høre dunkene svakt, men de gjorde ikke lenger ordentlig vondt.

Die Schläge trafen, aber sein Körper schien nicht mehr sein eigener zu sein.

Slagene traff, men kroppen hans føltes ikke lenger som sin egen.

Dann stieß John Thornton plötzlich und ohne Vorwarnung einen wilden Schrei aus.

Så plutselig, uten forvarsel, hylte John Thornton et vilt skrik.

Es war unartikuliert, eher der Schrei eines Tieres als eines Menschen.

Det var uartikulert, mer skriket fra et dyr enn fra et menneske.

Er sprang mit der Keule auf den Mann zu und stieß Hal nach hinten.

Han hoppet mot mannen med køllen og slo Hal bakover.

Hal flog, als wäre er von einem Baum getroffen worden, und landete hart auf dem Boden.

Hal fløy som om han var blitt truffet av et tre og landet hardt på bakken.

Mercedes schrie laut vor Panik und umklammerte ihr Gesicht.

Mercedes skrek høyt i panikk og klamret seg til ansiktet hennes.

Charles sah nur zu, wischte sich die Augen und blieb sitzen.

Charles bare så på, tørket øynene og ble sittende.

Sein Körper war vor Schmerzen zu steif, um aufzustehen oder beim Kampf mitzuhelfen.

Kroppen hans var for stiv av smerter til å reise seg eller hjelpe til i kampen.

Thornton stand über Buck, zitterte vor Wut und konnte nicht sprechen.

Thornton sto over Buck, skjelvende av raseri, ute av stand til å snakke.

Er zitterte vor Wut und kämpfte darum, trotz allem seine Stimme wiederzufinden.

Han skalv av raseri og kjempet for å finne stemmen sin gjennom det.

„Wenn du den Hund noch einmal schlägst, bringe ich dich um", sagte er schließlich.

«Hvis du slår den hunden igjen, dreper jeg deg», sa han til slutt.

Hal wischte sich das Blut aus dem Mund und kam wieder nach vorne.

Hal tørket blodet av munnen og kom frem igjen.

„Es ist mein Hund", murmelte er. „Geh mir aus dem Weg, sonst kriege ich dich wieder in Ordnung."

«Det er hunden min», mumlet han. «Kom deg unna, ellers fikser jeg deg.»

„Ich gehe nach Dawson und Sie halten mich nicht auf", fügte er hinzu.

«Jeg skal til Dawson, og du stopper meg ikke», la han til.

Thornton stand fest zwischen Buck und dem wütenden jungen Mann.

Thornton sto stødig mellom Buck og den sinte unge mannen.

Er hatte nicht die Absicht, zur Seite zu treten oder Hal vorbeizulassen.

Han hadde ingen intensjon om å tre til side eller la Hal gå forbi.

Hal zog sein Jagdmesser heraus, das lang und gefährlich in der Hand lag.

Hal dro frem jaktkniven sin, lang og farlig i hånden.

Mercedes schrie, dann weinte sie und lachte dann in wilder Hysterie.

Mercedes skrek, så gråt, så lo hun i vill hysteri.

Thornton schlug mit dem Axtstiel hart und schnell auf Hals Hand.

Thornton slo Hals hånd med økseskaftet, hardt og raskt.

Das Messer wurde aus Hals Griff gerissen und flog zu Boden.

Kniven ble slått løs fra Hals grep og fløy i bakken.

Hal versuchte, das Messer aufzuheben, und Thornton klopfte erneut auf seine Fingerknöchel.

Hal prøvde å plukke opp kniven, og Thornton banket seg på knokene igjen.

Dann bückte sich Thornton, griff nach dem Messer und hielt es fest.

Så bøyde Thornton seg ned, grep kniven og holdt den.

Mit zwei schnellen Hieben des Axtstiels zerschnitt er Bucks Zügel.

Med to raske hugg med økseskaftet hogg han av Bucks tøyler.

Hal hatte keine Kraft mehr, sich zu wehren, und trat von dem Hund zurück.

Hal hadde ikke mer kampvilje i seg og trakk seg tilbake fra hunden.

Außerdem brauchte Mercedes jetzt beide Arme, um aufrecht zu bleiben.

Dessuten trengte Mercedes begge armene nå for å holde seg oppreist.

Buck war dem Tod zu nahe, um noch einmal einen Schlitten ziehen zu können.

Buck var for nær døden til å være til nytte for å trekke en slede igjen.

Ein paar Minuten später legten sie ab und fuhren flussabwärts.

Noen minutter senere dro de ut og satte kursen nedover elven.

Buck hob schwach den Kopf und sah ihnen nach, wie sie die Bank verließen.

Buck løftet hodet svakt og så dem forlate banken.

Pike führte das Team an, mit Solleks am Ende des Feldes.
Pike ledet laget, med Solleks bakerst i rattet.
Joe und Teek gingen dazwischen, beide humpelten vor Erschöpfung.
Joe og Teek gikk mellom dem, begge haltende av utmattelse.
Mercedes saß auf dem Schlitten und Hal hielt die lange Lenkstange fest.
Mercedes satte seg på sleden, og Hal grep tak i den lange gee-stangen.
Charles stolperte hinterher, seine Schritte waren unbeholfen und unsicher.
Charles snublet bak, med klønete og usikre skritt.
Thornton kniete neben Buck und tastete vorsichtig nach gebrochenen Knochen.
Thornton knelte ved siden av Buck og kjente forsiktig etter brukne bein.
Seine Hände waren rau, bewegten sich aber mit Freundlichkeit und Sorgfalt.
Hendene hans var ru, men beveget seg med vennlighet og omsorg.
Bucks Körper wies Blutergüsse auf, wies jedoch keine bleibenden Verletzungen auf.
Bucks kropp var forslått, men viste ingen varige skader.
Zurück blieben schrecklicher Hunger und nahezu völlige Schwäche.
Det som var igjen var forferdelig sult og nesten total svakhet.
Als dies klar wurde, war der Schlitten bereits weit flussabwärts gefahren.
Da dette var klart, hadde sleden gått langt nedover elva.
Mann und Hund sahen zu, wie der Schlitten langsam über das knackende Eis kroch.
Mann og hund så sleden sakte krype over den knakende isen.
Dann sahen sie, wie der Schlitten in eine Mulde sank.
Så så de sleden synke ned i en fordypning.
Die Gee-Stange flog in die Höhe, und Hal klammerte sich immer noch vergeblich daran fest.

Gee-stangen fløy opp, og Hal klamret seg fortsatt forgjeves til den.

Mercedes' Schrei erreichte sie über die kalte Ferne.

Mercedes' skrik nådde dem over den kalde avstanden.

Charles drehte sich um und trat zurück – aber er war zu spät.

Charles snudde seg og tok et skritt tilbake – men han var for sent ute.

Eine ganze Eisdecke brach nach und sie alle fielen hindurch.

En hel isflak ga etter, og de falt alle gjennom.

Hunde, Schlitten und Menschen verschwanden im schwarzen Wasser darunter.

Hunder, slede og mennesker forsvant ned i det svarte vannet nedenfor.

An der Stelle, an der sie vorbeigekommen waren, war nur ein breites Loch im Eis zurückgeblieben.

Bare et bredt hull i isen var igjen der de hadde passert.

Der Boden des Pfades war nach unten abgesunken – genau wie Thornton gewarnt hatte.

Bunnen av stien hadde falt ut – akkurat som Thornton advarte.

Thornton und Buck sahen sich einen Moment lang schweigend an.

Thornton og Buck så tause på hverandre et øyeblikk.

„Du armer Teufel", sagte Thornton leise und Buck leckte ihm die Hand.

«Din stakkars djevel,» sa Thornton lavt, og Buck slikket seg på hånden.

Aus Liebe zu einem Mann
For kjærligheten til en mann

John Thornton erfror in der Kälte des vergangenen Dezembers seine Füße.
John Thornton frøs føttene i kulden i desember før.

Seine Partner machten es ihm bequem und ließen ihn allein genesen.
Partnerne hans sørget for at han var komfortabel og lot ham komme seg alene.

Sie fuhren den Fluss hinauf, um ein Floß mit Sägestämmen für Dawson zu holen.
De dro oppover elven for å samle en flåte med sagstokker til Dawson.

Er humpelte noch leicht, als er Buck vor dem Tod rettete.
Han haltet fortsatt litt da han reddet Buck fra døden.

Aber bei anhaltend warmem Wetter verschwand sogar dieses Hinken.
Men med det fortsatte varme været, forsvant selv den haltingen.

Buck ruhte sich an langen Frühlingstagen am Flussufer aus.
Buck hvilte mens han lå ved elvebredden i løpet av lange vårdager.

Er beobachtete das fließende Wasser und lauschte den Vögeln und Insekten.
Han så på det rennende vannet og lyttet til fugler og insekter.

Langsam erlangte Buck unter Sonne und Himmel seine Kraft zurück.
Sakte men sikkert gjenvant Buck kreftene sine under solen og himmelen.

Nach einer Reise von dreitausend Meilen war eine Pause ein wunderbares Gefühl.
En hvile føltes fantastisk etter å ha reist tre tusen mil.

Buck wurde träge, als seine Wunden heilten und sein Körper an Gewicht zunahm.
Buck ble lat etter hvert som sårene hans grodde og kroppen hans fyltes opp.

Seine Muskeln wurden fester und das Fleisch bedeckte wieder seine Knochen.

Musklene hans ble faste, og kjøttet dekket knoklene hans igjen.

Sie ruhten sich alle aus – Buck, Thornton, Skeet und Nig.

De hvilte alle – Buck, Thornton, Skeet og Nig.

Sie warteten auf das Floß, das sie nach Dawson bringen sollte.

De ventet på flåten som skulle frakte dem ned til Dawson.

Skeet war ein kleiner Irish Setter, der sich mit Buck anfreundete.

Skeet var en liten irsk setter som ble venner med Buck.

Buck war zu schwach und krank, um ihr bei ihrem ersten Treffen Widerstand zu leisten.

Buck var for svak og syk til å motstå henne ved deres første møte.

Skeet hatte die Heilereigenschaft, die manche Hunde von Natur aus besitzen.

Skeet hadde den helbredende egenskapen som noen hunder naturlig har.

Wie eine Katzenmutter leckte und reinigte sie Bucks offene Wunden.

Som en kattemor slikket og renset hun Bucks sår.

Jeden Morgen nach dem Frühstück wiederholte sie ihre sorgfältige Arbeit.

Hver morgen etter frokost gjentok hun sitt nøye arbeid.

Buck erwartete ihre Hilfe ebenso sehr wie die von Thornton.

Buck forventet hennes hjelp like mye som han forventet Thorntons hjelp.

Nig war auch freundlich, aber weniger offen und weniger liebevoll.

Nig var også vennlig, men mindre åpen og mindre hengiven.

Nig war ein großer schwarzer Hund, halb Bluthund, halb Hirschhund.

Nig var en stor svart hund, delvis blodhund og delvis hjortehund.

Er hatte lachende Augen und eine unendlich gute Seele.

Han hadde leende øyne og en uendelig godhet i sinnet sitt.

Zu Bucks Überraschung zeigte keiner der Hunde Eifersucht ihm gegenüber.

Til Bucks overraskelse viste ingen av hundene sjalusi mot ham.

Sowohl Skeet als auch Nig erfuhren die Freundlichkeit von John Thornton.

Både Skeet og Nig delte John Thorntons vennlighet.

Als Buck stärker wurde, verleiteten sie ihn zu albernen Hundespielen.

Etter hvert som Buck ble sterkere, lokket de ham med på tåpelige hundeleker.

Auch Thornton spielte oft mit ihnen und konnte ihrer Freude nicht widerstehen.

Thornton lekte ofte med dem også, ute av stand til å motstå gleden deres.

Auf diese spielerische Weise gelang Buck der Übergang von der Krankheit in ein neues Leben.

På denne lekne måten gikk Buck fra sykdom til et nytt liv.

Endlich hatte er Liebe gefunden – wahre, brennende und leidenschaftliche Liebe.

Kjærligheten – ekte, brennende og lidenskapelig kjærlighet – var endelig hans.

Auf Millers Anwesen hatte er diese Art von Liebe nie erlebt.

Han hadde aldri kjent denne typen kjærlighet på Millers eiendom.

Mit den Söhnen des Richters hatte er Arbeit und Abenteuer geteilt.

Med dommerens sønner hadde han delt arbeid og eventyr.

Bei den Enkeln sah er steifen und prahlerischen Stolz.

Hos barnebarna så han stiv og skrytende stolthet.

Mit Richter Miller selbst verband ihn eine respektvolle Freundschaft.

Med dommer Miller selv hadde han et respektfullt vennskap.

Doch mit Thornton kam eine Liebe, die Feuer, Wahnsinn und Anbetung war.

Men kjærlighet som var ild, galskap og tilbedelse kom med Thornton.

Dieser Mann hatte Bucks Leben gerettet, und das allein bedeutete sehr viel.

Denne mannen hadde reddet Bucks liv, og det alene betydde mye.

Aber darüber hinaus war John Thornton der ideale Meistertyp.

Men mer enn det, var John Thornton den ideelle typen mester.

Andere Männer kümmerten sich aus Pflichtgefühl oder geschäftlicher Notwendigkeit um Hunde.

Andre menn tok seg av hunder av plikt eller forretningsmessig nødvendighet.

John Thornton kümmerte sich um seine Hunde, als wären sie seine Kinder.

John Thornton tok vare på hundene sine som om de var barna hans.

Er kümmerte sich um sie, weil er sie liebte und einfach nicht anders konnte.

Han brydde seg om dem fordi han elsket dem og rett og slett ikke kunne noe for det.

John Thornton sah sogar weiter, als die meisten Menschen jemals sehen konnten.

John Thornton så enda lenger enn de fleste menn noen gang klarte å se.

Er vergaß nie, sie freundlich zu grüßen oder ein aufmunterndes Wort zu sagen.

Han glemte aldri å hilse vennlig på dem eller si et oppmuntrende ord.

Er liebte es, mit den Hunden zusammenzusitzen und lange zu reden, oder, wie er sagte, „gasy".

Han elsket å sitte ned med hundene for lange samtaler, eller «gassy», som han sa.

Er packte Bucks Kopf gern grob zwischen seinen starken Händen.

Han likte å gripe Bucks hode hardt mellom sine sterke hender.

Dann lehnte er seinen Kopf an Bucks und schüttelte ihn sanft.

Så hvilte han hodet mot Bucks og ristet ham forsiktig.

Die ganze Zeit über beschimpfte er Buck mit unhöflichen Namen, die für ihn Liebe bedeuteten.

Hele tiden kalte han Buck frekke navn som betydde kjærlighet for Buck.

Buck bereiteten diese grobe Umarmung und diese Worte große Freude.

For Buck brakte den harde omfavnelsen og de ordene dyp glede.

Sein Herz schien bei jeder Bewegung vor Glück zu beben.

Hjertet hans syntes å riste løs av lykke ved hver bevegelse.

Als er anschließend aufsprang, sah sein Mund aus, als würde er lachen.

Da han spratt opp etterpå, så det ut som om munnen hans lo.

Seine Augen leuchteten hell und seine Kehle zitterte vor unausgesprochener Freude.

Øynene hans skinte klart, og halsen hans skalv av uuttalt glede.

Sein Lächeln blieb in diesem Zustand der Ergriffenheit und glühenden Zuneigung stehen.

Smilet hans sto stille i den følelsesmessige og glødende hengivenheten.

Dann rief Thornton nachdenklich aus: „Gott! Er kann fast sprechen!"

Så utbrøt Thornton tankefullt: «Herregud! han kan nesten snakke!»

Buck hatte eine seltsame Art, Liebe auszudrücken, die beinahe Schmerzen verursachte.

Buck hadde en merkelig måte å uttrykke kjærlighet på som nesten forårsaket smerte.

Er umklammerte Thorntons Hand oft sehr fest mit seinen Zähnen.

Han grep ofte Thorntons hånd veldig hardt mellom tennene.

Der Biss würde tiefe Spuren hinterlassen, die noch einige Zeit blieben.

Bittet kom til å sette dype spor som ble værende en stund etterpå.

Buck glaubte, dass diese Eide Liebe waren, und Thornton wusste das auch.

Buck trodde at disse edene var kjærlighet, og Thornton visste det samme.

Meistens zeigte sich Bucks Liebe in stiller, fast stummer Verehrung.

Som oftest viste Bucks kjærlighet seg i stille, nesten stille tilbedelse.

Obwohl er sich freute, wenn man ihn berührte oder ansprach, suchte er nicht nach Aufmerksamkeit.

Selv om han ble begeistret når han ble berørt eller snakket til, søkte han ikke oppmerksomhet.

Skeet schob ihre Nase unter Thorntons Hand, bis er sie streichelte.

Skeet dyttet nesen sin under Thorntons hånd til han klappet henne.

Nig kam leise herbei und legte seinen großen Kopf auf Thorntons Knie.

Nig gikk stille bort og hvilte sitt store hode på Thorntons kne.

Buck hingegen war zufrieden damit, aus respektvoller Distanz zu lieben.

Buck, derimot, var fornøyd med å elske fra en respektfull avstand.

Er lag stundenlang zu Thorntons Füßen, wachsam und aufmerksam beobachtend.

Han lå i timevis ved Thorntons føtter, årvåken og observerende.

Buck studierte jedes Detail des Gesichts seines Herrn und jede kleinste Bewegung.

Buck studerte hver eneste detalj i sin herres ansikt og minste bevegelse.

Oder er blieb weiter weg liegen und betrachtete schweigend die Gestalt des Mannes.

Eller løy lenger unna, og studerte mannens skikkelse i stillhet.

Buck beobachtete jede kleine Bewegung, jede Veränderung seiner Haltung oder Geste.

Buck så på hver lille bevegelse, hver endring i holdning eller gest.

Diese Verbindung war so stark, dass sie Thorntons Blick oft auf sich zog.

Denne forbindelsen var så sterk at den ofte fanget Thorntons blikk.

Er begegnete Bucks Blick ohne Worte, Liebe schimmerte deutlich hindurch.

Han møtte Bucks blikk uten ord, kjærligheten skinte klart gjennom.

Nach seiner Rettung ließ Buck Thornton lange Zeit nicht aus den Augen.

I lang tid etter at han ble reddet, lot Buck aldri Thornton være ute av syne.

Immer wenn Thornton das Zelt verließ, folgte Buck ihm dicht auf den Fersen.

Hver gang Thornton forlot teltet, fulgte Buck ham tett ut.

All die strengen Herren im Nordland hatten Buck Angst gemacht, zu vertrauen.

Alle de harde herrene i Nordlandet hadde gjort Buck redd for å stole på ham.

Er befürchtete, dass kein Mann länger als kurze Zeit sein Herr bleiben könnte.

Han fryktet at ingen mann kunne forbli hans herre i mer enn en kort tid.

Er befürchtete, dass John Thornton wie Perrault und François verschwinden würde.

Han fryktet at John Thornton kom til å forsvinne i likhet med Perrault og François.

Sogar nachts quälte die Angst, ihn zu verlieren, Buck mit unruhigem Schlaf.

Selv om natten hjemsøkte frykten for å miste ham Bucks urolige søvn.

Als Buck aufwachte, kroch er in die Kälte hinaus und ging zum Zelt.

Da Buck våknet, krøp han ut i kulden og gikk til teltet.

Er lauschte aufmerksam auf das leise Geräusch des Atmens in seinem Inneren.

Han lyttet nøye etter den myke lyden av pust inni seg.

Trotz Bucks tiefer Liebe zu John Thornton blieb die Wildnis am Leben.

Til tross for Bucks dype kjærlighet til John Thornton, holdt villmarken seg i live.

Dieser im Norden erwachte primitive Instinkt ist nicht verschwunden.

Det primitive instinktet, vekket i Nord, forsvant ikke.

Liebe brachte Hingabe, Treue und die warme Verbundenheit des Kaminfeuers.

Kjærlighet brakte hengivenhet, lojalitet og peisens varme bånd.

Aber Buck behielt auch seine wilden Instinkte, scharf und stets wachsam.

Men Buck beholdt også sine ville instinkter, skarpe og alltid årvåkne.

Er war nicht nur ein gezähmtes Haustier aus den sanften Ländern der Zivilisation.

Han var ikke bare et temmet kjæledyr fra sivilisasjonens myke land.

Buck war ein wildes Wesen, das hereingekommen war, um an Thorntons Feuer zu sitzen.

Buck var et villvesen som hadde kommet inn for å sitte ved Thorntons bål.

Er sah aus wie ein Südlandhund, aber in ihm lebte Wildheit.

Han så ut som en sørlandshund, men det levde villskap i ham.

Seine Liebe zu Thornton war zu groß, um zuzulassen, dass er den Mann bestohlen hätte.

Hans kjærlighet til Thornton var for stor til å tillate tyveri fra mannen.

Aber in jedem anderen Lager würde er dreist und ohne Pause stehlen.

Men i enhver annen leir ville han stjele frimodig og uten stopp.

Er war beim Stehlen so geschickt, dass ihn niemand erwischen oder beschuldigen konnte.

Han var så lur i å stjele at ingen kunne fange eller anklage ham.

Sein Gesicht und sein Körper waren mit Narben aus vielen vergangenen Kämpfen übersät.

Ansiktet og kroppen hans var dekket av arr fra mange tidligere kamper.

Buck kämpfte immer noch erbittert, aber jetzt kämpfte er mit mehr List.

Buck kjempet fortsatt voldsomt, men nå kjempet han med mer list.

Skeet und Nig waren zu sanft, um zu kämpfen, und sie gehörten Thornton.

Skeet og Nig var for snille til å slåss, og de var Thorntons.

Aber jeder fremde Hund, egal wie stark oder mutig, wich zurück.

Men enhver fremmed hund, uansett hvor sterk eller modig den var, ga etter.

Ansonsten kämpfte der Hund gegen Buck und um sein Leben.

Ellers måtte hunden kjempe mot Buck; kjempe for livet sitt.

Buck kannte keine Gnade, wenn er sich entschied, gegen einen anderen Hund zu kämpfen.

Buck viste ingen nåde da han valgte å kjempe mot en annen hund.

Er hatte das Gesetz der Keule und des Reißzahns im Nordland gut gelernt.

Han hadde lært seg loven om kølle og hoggtenner godt i Nordlandet.

Er gab nie einen Vorteil auf und wich nie einer Schlacht aus.

Han ga aldri fra seg et forsprang og trakk seg aldri tilbake fra kamp.

Er hatte Spitz und die wildesten Post- und Polizeihunde studiert.

Han hadde studert spisshund og de mest voldsomme post- og politihundene.

Er wusste genau, dass es im wilden Kampf keinen Mittelweg gab.

Han visste tydelig at det ikke fantes noen mellomvei i vill kamp.

Er musste herrschen oder beherrscht werden; Gnade zu zeigen, hieße, Schwäche zu zeigen.

Han måtte herske eller bli styrt; å vise barmhjertighet betydde å vise svakhet.

In der rauen und brutalen Welt des Überlebens kannte man keine Gnade.

Barmhjertighet var ukjent i den rå og brutale overlevelsesverdenen.

Gnade zu zeigen wurde als Angst angesehen und Angst führte schnell zum Tod.

Å vise barmhjertighet ble sett på som frykt, og frykt førte raskt til døden.

Das alte Gesetz war einfach: töten oder getötet werden, essen oder gefressen werden.

Den gamle loven var enkel: drep eller bli drept, spis eller bli spist.

Dieses Gesetz stammte aus längst vergangenen Zeiten und Buck befolgte es vollständig.

Den loven kom fra tidens dyp, og Buck fulgte den fullt ut.

Buck war älter als sein Alter und die Anzahl seiner Atemzüge.

Buck var eldre enn årene han var og antall åndedrag han tok.

Er verband die ferne Vergangenheit klar mit der Gegenwart.

Han koblet den gamle fortiden tydelig til nåtiden.

Die tiefen Rhythmen der Zeitalter bewegten sich durch ihn wie die Gezeiten.

Tidenes dype rytmer beveget seg gjennom ham som tidevannet.

Die Zeit pulsierte in seinem Blut so sicher, wie die Jahreszeiten die Erde bewegen.

Tiden pulserte i blodet hans like sikkert som årstidene beveget jorden.

Er saß mit starker Brust und weißen Reißzähnen an Thorntons Feuer.

Han satt ved Thorntons peis, med kraftig bryst og hvite hoggtenner.

Sein langes Fell wehte, aber hinter ihm beobachteten ihn die Geister wilder Hunde.

Den lange pelsen hans blafret, men bak ham så ville hunders ånder på.

Halbwölfe und Vollwölfe regten sich in seinem Herzen und seinen Sinnen.

Halvulver og hele ulver rørte seg i hjertet og sansene hans.

Sie probierten sein Fleisch und tranken dasselbe Wasser wie er.

De smakte på kjøttet hans og drakk det samme vannet som han gjorde.

Sie schnupperten neben ihm den Wind und lauschten dem Wald.

De snuste i vinden ved siden av ham og lyttet til skogen.

Sie flüsterten die Bedeutung der wilden Geräusche in der Dunkelheit.

De hvisket betydningen av de ville lydene i mørket.

Sie prägten seine Stimmungen und leiteten jede seiner stillen Reaktionen.

De formet humøret hans og styrte hver av hans stille reaksjoner.

Sie lagen bei ihm, während er schlief, und wurden Teil seiner tiefen Träume.

De lå hos ham mens han sov, og ble en del av hans dype drømmer.

Sie träumten mit ihm, über ihn hinaus und bildeten seinen Geist.

De drømte med ham, forbi ham, og skapte selve hans ånd.

Die Geister der Wildnis riefen so stark, dass Buck sich hingezogen fühlte.

Villmarkens ånder ropte så sterkt at Buck følte seg dratt.

Mit jedem Tag wurden die Menschheit und ihre Ansprüche in Bucks Herzen schwächer.

Hver dag ble menneskeheten og dens krav svakere i Bucks hjerte.

Tief im Wald würde ein seltsamer und aufregender Ruf erklingen.

Dypt inne i skogen skulle et merkelig og spennende rop komme.

Jedes Mal, wenn er den Ruf hörte, verspürte Buck einen Drang, dem er nicht widerstehen konnte.

Hver gang han hørte kallet, følte Buck en trang han ikke kunne motstå.

Er wollte sich vom Feuer und den ausgetretenen menschlichen Pfaden abwenden.

Han skulle vende seg bort fra ilden og bort fra de opptråkkede menneskeveiene.

Er wollte in den Wald eintauchen und weitergehen, ohne zu wissen, warum.

Han skulle til å stupe inn i skogen, fortsette uten å vite hvorfor.

Er hinterfragte diese Anziehungskraft nicht, denn der Ruf war tief und kraftvoll.

Han stilte ikke spørsmål ved denne tiltrekningen, for kallet var dypt og kraftfullt.

Oft erreichte er den grünen Schatten und die weiche, unberührte Erde

Ofte nådde han den grønne skyggen og den myke, uberørte jorden

Doch dann zog ihn die große Liebe zu John Thornton zurück zum Feuer.

Men så trakk den sterke kjærligheten til John Thornton ham tilbake til ilden.

Nur John Thornton hatte Bucks wildes Herz wirklich in seiner Gewalt.

Bare John Thornton holdt virkelig Bucks ville hjerte i sitt grep.

Der Rest der Menschheit hatte für Buck keinen bleibenden Wert oder keine bleibende Bedeutung.

Resten av menneskeheten hadde ingen varig verdi eller mening for Buck.

Fremde könnten ihn loben oder ihm mit freundlichen Händen über das Fell streicheln.

Fremmede kan rose ham eller stryke pelsen hans med vennlige hender.

Buck blieb ungerührt und ging vor lauter Zuneigung davon.

Buck forble urørt og gikk sin vei på grunn av for mye hengivenhet.

Hans und Pete kamen mit dem lange erwarteten Floß

Hans og Pete ankom med flåten som lenge hadde vært etterlengtet

Buck ignorierte sie, bis er erfuhr, dass sie sich in der Nähe von Thornton befanden.

Buck ignorerte dem helt til han fikk vite at de var i nærheten av Thornton.

Danach tolerierte er sie, zeigte ihnen jedoch nie seine volle Zuneigung.

Etter det tolererte han dem, men viste dem aldri full varme.

Er nahm Essen oder Freundlichkeiten von ihnen an, als täte er ihnen einen Gefallen.

Han tok imot mat eller vennlighet fra dem som om han gjorde dem en tjeneste.

Sie waren wie Thornton – einfach, ehrlich und klar im Denken.

De var som Thornton – enkle, ærlige og klare i tankene.

Gemeinsam reisten sie zu Dawsons Sägewerk und dem großen Wirbel

Alle sammen reiste de til Dawsons sagbruk og den store virvelen

Auf ihrer Reise lernten sie Bucks Wesen tiefgründig kennen.

På reisen lærte de å forstå Bucks natur dypt.

Sie versuchten nicht, sich näherzukommen, wie es Skeet und Nig getan hatten.

De prøvde ikke å komme nærmere hverandre slik Skeet og Nig hadde gjort.

Doch Bucks Liebe zu John Thornton wurde mit der Zeit immer stärker.

Men Bucks kjærlighet til John Thornton ble bare dypere over tid.

Nur Thornton könnte Buck im Sommer eine Last auf die Schultern laden.

Bare Thornton kunne legge en pakke på Bucks rygg om sommeren.

Was auch immer Thornton befahl, Buck war bereit, es uneingeschränkt zu tun.

Uansett hva Thornton beordret, var Buck villig til å gjøre fullt ut.

Eines Tages, nachdem sie Dawson in Richtung der Quellgewässer des Tanana verlassen hatten,

En dag, etter at de forlot Dawson for å dra til Tanana-elvens kilder,

die Gruppe saß auf einer Klippe, die dreihundert Fuß bis zum nackten Fels abfiel.

Gruppen satt på en klippe som falt en meter ned til bart fjellgrunn.

John Thornton saß nahe der Kante und Buck ruhte sich neben ihm aus.

John Thornton satt nær kanten, og Buck hvilte ved siden av ham.

Thornton hatte plötzlich eine Idee und rief die Männer auf sich aufmerksam.

Thornton fikk en plutselig tanke og tiltrakk seg mennenes oppmerksomhet.

Er deutete über den Abgrund und gab Buck einen einzigen Befehl.

Han pekte over kløften og ga Buck én kommando.

„Spring, Buck!", sagte er und schwang seinen Arm über den Abgrund.

«Hopp, Buck!» sa han og svingte armen ut over stupet.

Einen Moment später musste er Buck packen, der sofort lossprang, um zu gehorchen.

I et øyeblikk måtte han gripe tak i Buck, som spratt for å adlyde.

Hans und Pete eilten nach vorne und zogen beide in Sicherheit.

Hans og Pete løp frem og dro begge tilbake i sikkerhet.

Nachdem alles vorbei war und sie wieder zu Atem gekommen waren, ergriff Pete das Wort.

Etter at alt var over, og de hadde fått igjen pusten, tok Pete til orde.

„Die Liebe ist unheimlich", sagte er, erschüttert von der wilden Hingabe des Hundes.

«Kjærligheten er uhyggelig», sa han, rystet av hundens voldsomme hengivenhet.

Thornton schüttelte den Kopf und antwortete mit ruhiger Ernsthaftigkeit.

Thornton ristet på hodet og svarte med rolig alvor.

„Nein, die Liebe ist großartig", sagte er, „aber auch schrecklich."

«Nei, kjærligheten er fantastisk», sa han, «men også forferdelig.»

„Manchmal, das muss ich zugeben, macht mir diese Art von Liebe Angst."

«Noen ganger må jeg innrømme at denne typen kjærlighet gjør meg redd.»

Pete nickte und sagte: „Ich möchte nicht der Mann sein, der dich berührt."

Pete nikket og sa: «Jeg ville hate å være mannen som rører deg.»

Er sah Buck beim Sprechen ernst und voller Respekt an.

Han så på Buck mens han snakket, alvorlig og full av respekt.

„Py Jingo!", sagte Hans schnell. „Ich auch nicht, nein, Sir."

«Py Jingo!» sa Hans raskt. «Jeg heller ikke, nei, sir.»

Noch vor Jahresende wurden Petes Befürchtungen in Circle City wahr.

Før året var omme, gikk Petes frykt i oppfyllelse i Circle City.

Ein grausamer Mann namens Black Burton hat in der Bar eine Schlägerei angezettelt.

En grusom mann ved navn Black Burton startet en slåsskamp i baren.

Er war wütend und bösartig und ging auf einen Neuling los.

Han var sint og ondsinnet, og slo til mot en ny følsom fot.

John Thornton schritt ein, ruhig und gutmütig wie immer.

John Thornton trådte til, rolig og godlynt som alltid.

Buck lag mit gesenktem Kopf in einer Ecke und beobachtete Thornton aufmerksam.

Buck lå i et hjørne med hodet bøyd og fulgte nøye med på Thornton.

Burton schlug plötzlich zu und sein Schlag ließ Thornton herumwirbeln.

Burton slo plutselig til, og slaget hans fikk Thornton til å snurre rundt.

Nur die Stangenreling verhinderte, dass er hart auf den Boden stürzte.

Bare rekkverket på stangen hindret ham i å krasje hardt i bakken.

Die Beobachter hörten ein Geräusch, das weder Bellen noch Jaulen war

Observatørene hørte en lyd som ikke var bjeffing eller hyling

Ein tiefes Brüllen kam von Buck, als er auf den Mann zustürzte.

et dypt brøl kom fra Buck idet han løp mot mannen.

Burton riss seinen Arm hoch und rettete nur knapp sein eigenes Leben.

Burton kastet armen opp og reddet så vidt sitt eget liv.

Buck prallte gegen ihn und warf ihn flach auf den Boden.

Buck krasjet inn i ham og slo ham flatt i gulvet.

Buck biss tief in den Arm des Mannes und stürzte sich dann auf die Kehle.

Buck bet dypt inn i mannens arm, og kastet seg deretter etter strupen.

Burton konnte den Angriff nur teilweise blocken und sein Hals wurde aufgerissen.

Burton kunne bare delvis blokkere, og nakken hans ble revet opp.

Männer stürmten mit erhobenen Knüppeln herein und vertrieben Buck von dem blutenden Mann.

Menn stormet inn, heiste køllene og drev Buck av den blødende mannen.

Ein Chirurg arbeitete schnell, um den Blutausfluss zu stoppen.

En kirurg jobbet raskt for å stoppe blodet fra å renne ut.

Buck ging auf und ab und knurrte, während er immer wieder versuchte anzugreifen.

Buck gikk frem og tilbake og knurret, og prøvde å angripe igjen og igjen.

Nur schwingende Knüppel hielten ihn davon ab, Burton zu erreichen.

Bare svingende køller hindret ham i å nå Burton.

Eine Bergarbeiterversammlung wurde einberufen und noch vor Ort abgehalten.

Et gruvearbeidermøte ble innkalt og holdt rett der på stedet.

Sie waren sich einig, dass Buck provoziert worden war, und stimmten für seine Freilassung.

De var enige om at Buck hadde blitt provosert og stemte for å sette ham fri.

Doch Bucks wilder Name hallte nun durch jedes Lager in Alaska.

Men Bucks sterke navn ga nå gjenlyd i hver leir i Alaska.

Später im Herbst rettete Buck Thornton erneut auf eine neue Art und Weise.

Senere samme høst reddet Buck Thornton igjen på en ny måte.

Die drei Männer steuerten ein langes Boot durch wilde Stromschnellen.

De tre mennene styrte en lang båt nedover røffe stryk.

Thornton steuerte das Boot und rief Anweisungen zur Küste.

Thornton manøvrerte båten og ropte veibeskrivelse til strandlinjen.

Hans und Pete rannten an Land und hielten sich an einem Seil fest, das sie von Baum zu Baum führte.

Hans og Pete løp på land og holdt et tau fra tre til tre.

Buck hielt am Ufer Schritt und behielt seinen Herrn immer im Auge.

Buck holdt tritt på bredden og holdt alltid øye med herren sin.

An einer ungünstigen Stelle ragten Felsen aus dem schnellen Wasser hervor.

På et stygt sted stakk steiner ut under det raske vannet.

Hans ließ das Seil los und Thornton steuerte das Boot weit.

Hans slapp tauet, og Thornton styrte båten vidt.

Hans sprintete, um das Boot an den gefährlichen Felsen vorbei wieder zu erreichen.

Hans spurtet for å rekke båten igjen forbi de farlige steinene.

Das Boot passierte den Felsvorsprung, geriet jedoch in eine stärkere Strömung.

Båten passerte avsatsen, men traff en sterkere del av strømmen.

Hans griff zu schnell nach dem Seil und brachte das Boot aus dem Gleichgewicht.

Hans grep tak i tauet for fort og dro båten ut av balanse.

Das Boot kenterte und prallte mit dem Hinterteil nach oben gegen das Ufer.

Båten kantet og smalt inn i bredden, med bunnen opp.

Thornton wurde hinausgeworfen und in den wildesten Teil des Wassers geschwemmt.

Thornton ble kastet ut og feid opp i den villeste delen av vannet.

Kein Schwimmer hätte in diesen tödlichen, reißenden Gewässern überleben können.

Ingen svømmer kunne ha overlevd i det dødelige, kappløpende vannet.

Buck sprang sofort hinein und jagte seinen Herrn den Fluss hinunter.

Buck hoppet umiddelbart inn og jaget herren sin nedover elven.

Nach dreihundert Metern erreichte er endlich Thornton.

Etter tre hundre meter nådde han endelig Thornton.

Thornton packte Buck am Schwanz und Buck drehte sich zum Ufer um.

Thornton grep tak i Bucks hale, og Buck snudde seg mot land.

Er schwamm mit voller Kraft und kämpfte gegen den wilden Sog des Wassers an.

Han svømte med full styrke, og kjempet mot vannets ville drag.

Sie bewegten sich schneller flussabwärts, als sie das Ufer erreichen konnten.

De beveget seg nedstrøms raskere enn de kunne nå kysten.

Vor ihnen toste der Fluss immer lauter und stürzte in tödliche Stromschnellen.

Foran brølte elven høyere idet den falt ned i dødelige stryk.

Felsen schnitten durch das Wasser wie die Zähne eines riesigen Kamms.

Steiner skar gjennom vannet som tennene på en enorm kam.

Die Anziehungskraft des Wassers in der Nähe des Tropfens war wild und unausweichlich.

Vanndraget nær dråpen var voldsomt og uunngåelig.

Thornton wusste, dass sie das Ufer nie rechtzeitig erreichen würden.

Thornton visste at de aldri ville komme i land i tide.

Er schrammte über einen Felsen, zerschmetterte einen zweiten,

Han skrapte over én stein, slo over en annen,

Und dann prallte er gegen einen dritten Felsen, den er mit beiden Händen festhielt.

Og så krasjet han inn i en tredje stein og grep den med begge hender.

Er ließ Buck los und übertönte das Gebrüll: „Los, Buck! Los!"

Han slapp taket i Buck og ropte over brølet: «Gå, Buck! Gå!»

Buck konnte sich nicht über Wasser halten und wurde von der Strömung mitgerissen.

Buck klarte ikke å holde seg flytende og ble revet med av strømmen.

Er kämpfte hart und versuchte, sich umzudrehen, kam aber überhaupt nicht voran.

Han kjempet hardt, slet med å snu, men gjorde ingen fremgang i det hele tatt.

Dann hörte er, wie Thornton den Befehl über das Tosen des Flusses hinweg wiederholte.

Så hørte han Thornton gjenta kommandoen over elvens brøl.

Buck erhob sich aus dem Wasser und hob den Kopf, als wolle er einen letzten Blick werfen.

Buck steg opp av vannet og løftet hodet som for å kaste et siste blikk.

dann drehte er sich um und gehorchte und schwamm entschlossen auf das Ufer zu.

så snudde han seg og adlød, og svømte besluttsomt mot bredden.

Pete und Hans zogen ihn im letzten Moment an Land.

Pete og Hans dro ham i land i siste liten.

Sie wussten, dass Thornton sich nur noch wenige Minuten am Felsen festklammern konnte.

De visste at Thornton bare kunne klamre seg til fjellet i noen minutter til.

Sie rannten das Ufer hinauf zu einer Stelle weit oberhalb der Stelle, an der er hing.

De løp opp langs bredden til et sted langt over der han hang.

Sie befestigten die Bootsleine sorgfältig an Bucks Hals und Schultern.

De bandt båtens line forsiktig til Bucks nakke og skuldre.

Das Seil saß eng, war aber locker genug zum Atmen und für Bewegung.

Tauet var stramt, men løst nok til å puste og bevege seg.

Dann warfen sie ihn erneut in den reißenden, tödlichen Fluss.

Så kastet de ham ut i den brusende, dødelige elven igjen.

Buck schwamm mutig, verpasste jedoch seinen Winkel in die Kraft des Stroms.

Buck svømte dristig, men bommet på vinkelen inn i strømmens kraft.

Er sah zu spät, dass er an Thornton vorbeiziehen würde.

Han så for sent at han kom til å drive forbi Thornton.

Hans riss das Seil fest, als wäre Buck ein kenterndes Boot.

Hans stramt i tauet, som om Buck var en kantret båt.

Die Strömung zog ihn nach unten und er verschwand unter der Oberfläche.

Strømmen dro ham ned, og han forsvant under overflaten.

Sein Körper schlug gegen das Ufer, bevor Hans und Pete ihn herauszogen.

Kroppen hans traff banken før Hans og Pete dro ham ut.

Er war halb ertrunken und sie haben das Wasser aus ihm herausgeprügelt.

Han var halvt druknet, og de hamret vannet ut av ham.

Buck stand auf, taumelte und brach erneut auf dem Boden zusammen.

Buck reiste seg, sjanglet og falt sammen igjen på bakken.

Dann hörten sie Thorntons Stimme, die schwach vom Wind getragen wurde.

Så hørte de Thorntons stemme, svakt båret av vinden.

Obwohl die Worte undeutlich waren, wussten sie, dass er dem Tode nahe war.

Selv om ordene var uklare, visste de at han var døden nær.

Der Klang von Thorntons Stimme traf Buck wie ein elektrischer Schlag.

Lyden av Thorntons stemme traff Buck som et elektrisk støt.

Er sprang auf, rannte das Ufer hinauf und kehrte zum Startpunkt zurück.

Han hoppet opp og løp opp langs bredden, tilbake til utskytningspunktet.

Wieder banden sie Buck das Seil fest und wieder betrat er den Bach.

Igjen bandt de tauet til Buck, og igjen gikk han ut i bekken.

Diesmal schwamm er direkt und entschlossen in das rauschende Wasser.

Denne gangen svømte han rett og bestemt ut i det brusende vannet.

Hans ließ das Seil langsam los, während Pete darauf achtete, dass es sich nicht verhedderte.

Hans slapp tauet jevnt ut mens Pete hindret det i å floke seg.

Buck schwamm schnell, bis er direkt über Thornton auf einer Linie lag.

Buck svømte fort helt til han sto i kø rett over Thornton.

Dann drehte er sich um und raste wie ein Zug mit voller Geschwindigkeit nach unten.

Så snudde han seg og løp nedover som et tog i full fart.

Thornton sah ihn kommen, machte sich bereit und schlang die Arme um seinen Hals.

Thornton så ham komme, forberedt og låste armene rundt halsen hans.

Hans band das Seil fest um einen Baum, als beide unter Wasser gezogen wurden.

Hans bandt tauet fast rundt et tre idet begge ble trukket under.

Sie stürzten unter Wasser und zerschellten an Felsen und Flusstrümmern.

De falt under vann og traff steiner og elveavfall.

In einem Moment war Buck oben, im nächsten erhob sich Thornton keuchend.

Det ene øyeblikket var Buck på toppen, det neste reiste Thornton seg gispet.

Zerschlagen und erstickend steuerten sie auf das Ufer zu und waren in Sicherheit.

Forslåtte og kvalte, svingte de mot bredden og sikkerheten.

Thornton erlangte sein Bewusstsein wieder und lag quer über einem Treibholzbaumstamm.

Thornton gjenvant bevisstheten, liggende over en drivstokk.

Hans und Pete haben hart gearbeitet, um ihm Atem und Leben zurückzugeben.

Hans og Pete jobbet hardt med ham for å få tilbake pusten og livet.

Sein erster Gedanke galt Buck, der regungslos und schlaff dalag.

Hans første tanke var om Buck, som lå ubevegelig og slapp.

Nig heulte über Bucks Körper und Skeet leckte sanft sein Gesicht.

Nig hylte over Bucks kropp, og Skeet slikket ham forsiktig i ansiktet.

Thornton, wund und verletzt, untersuchte Buck mit vorsichtigen Händen.

Thornton, sår og forslått, undersøkte Buck med forsiktige hender.

Er stellte fest, dass der Hund drei Rippen gebrochen hatte, jedoch keine tödlichen Wunden aufwies.

Han fant tre brukne ribbein, men ingen dødelige sår hos hunden.

„Damit ist die Sache geklärt", sagte Thornton. „Wir zelten hier." Und das taten sie.

«Det avgjør saken», sa Thornton. «Vi camper her.» Og det gjorde de.

Sie blieben, bis Bucks Rippen verheilt waren und er wieder laufen konnte.

De ble værende til Bucks ribbein var grodd og han kunne gå igjen.

In diesem Winter vollbrachte Buck eine Leistung, die seinen Ruhm noch weiter steigerte.

Den vinteren utførte Buck en bragd som økte berømmelsen hans ytterligere.

Es war weniger heroisch als Thornton zu retten, aber genauso beeindruckend.

Det var mindre heroisk enn å redde Thornton, men like imponerende.

In Dawson benötigten die Partner Vorräte für eine weite Reise.

I Dawson trengte partnerne forsyninger til en fjern reise.

Sie wollten nach Osten reisen, in unberührte Wildnisgebiete.

De ville reise østover, inn i uberørte villmarker.

Bucks Tat im Eldorado Saloon machte diese Reise möglich.

Bucks gjerning i Eldorado Saloon gjorde den turen mulig.

Es begann damit, dass Männer bei einem Drink mit ihren Hunden prahlten.

Det begynte med menn som skrøt av hundene sine over drinker.

Bucks Ruhm machte ihn zur Zielscheibe von Herausforderungen und Zweifeln.

Bucks berømmelse gjorde ham til mål for utfordringer og tvil.

Thornton blieb stolz und ruhig und verteidigte Bucks Namen standhaft.

Thornton, stolt og rolig, forsvarte Bucks navn standhaftig.

Ein Mann sagte, sein Hund könne problemlos zweihundertsechsunddreißig kg ziehen.

En mann sa at hunden hans lett kunne trekke fem hundre pund.

Ein anderer sagte sechshundert und ein dritter prahlte mit siebenhundert.

En annen sa seks hundre, og en tredje skrøt av syv hundre.

„Pfft!", sagte John Thornton, „Buck kann einen fünfhundert kg schweren Schlitten ziehen."

«Pfft!» sa John Thornton, «Buck kan trekke en slede på tusen pund.»

Matthewson, ein Bonanza-König, beugte sich vor und forderte ihn heraus.

Matthewson, en Bonanza-konge, lente seg frem og utfordret ham.

„Glauben Sie, er kann so viel Gewicht in Bewegung setzen?"

«Tror du han kan legge så mye vekt i bevegelse?»

„Und Sie glauben, er kann das Gewicht volle hundert Meter weit ziehen?"

«Og du tror han kan trekke vekten hele hundre meter?»

Thornton antwortete kühl: „Ja. Buck ist Hund genug, um das zu tun."

Thornton svarte kjølig: «Ja. Buck er hund nok til å gjøre det.»

„Er wird tausend Pfund in Bewegung setzen und es hundert Meter weit ziehen."

«Han setter tusen pund i bevegelse og trekker det hundre meter.»

Matthewson lächelte langsam und stellte sicher, dass alle Männer seine Worte hörten.

Matthewson smilte sakte og sørget for at alle mennene hørte ordene hans.

„Ich habe tausend Dollar, die sagen, dass er es nicht kann. Da ist es."

«Jeg har tusen dollar som sier at han ikke kan. Der er de.»

Er knallte einen Sack Goldstaub von der Größe einer Wurst auf die Theke.

Han slengte en sekk med gullstøv på størrelse med en pølse i baren.

Niemand sagte ein Wort. Die Stille um sie herum wurde drückend und angespannt.

Ingen sa et ord. Stillheten ble tung og anspent rundt dem.

Thorntons Bluff – wenn es denn einer war – war ernst genommen worden.

Thorntons bløff – hvis det var en – hadde blitt tatt alvorlig.

Er spürte, wie ihm die Hitze im Gesicht aufstieg und das Blut in seine Wangen schoss.

Han kjente varmen stige i ansiktet idet blodet strømmet opp i kinnene hans.

In diesem Moment war seine Zunge seiner Vernunft voraus.

Tungen hans hadde kommet fornuften i forkjøpet i det øyeblikket.

Er wusste wirklich nicht, ob Buck fünfhundert kg bewegen konnte.

Han visste virkelig ikke om Buck kunne flytte tusen pund.

Eine halbe Tonne! Allein die Größe ließ ihm das Herz schwer werden.

Et halvt tonn! Bare størrelsen på den gjorde hjertet hans tungt.

Er hatte Vertrauen in Bucks Stärke und hielt ihn für fähig.

Han hadde tro på Bucks styrke og hadde trodd at han var dyktig.

Doch einer solchen Herausforderung war er noch nie begegnet, nicht auf diese Art und Weise.

Men han hadde aldri møtt denne typen utfordring, ikke som denne.

Ein Dutzend Männer beobachteten ihn still und warteten darauf, was er tun würde.

Et dusin menn så stille på ham og ventet på å se hva han ville gjøre.

Er hatte das Geld nicht – Hans und Pete auch nicht.

Han hadde ikke penger – verken Hans eller Pete hadde det.

„Ich habe draußen einen Schlitten", sagte Matthewson kalt und direkt.

«Jeg har en kjelke utenfor», sa Matthewson kaldt og direkte.

„Es ist mit zwanzig Säcken zu je fünfzig Pfund beladen, alles Mehl.

«Den er lastet med tjue sekker, femti pund hver, bare mel.»

Lassen Sie sich also jetzt nicht von einem fehlenden Schlitten als Ausrede ausreden", fügte er hinzu.

Så ikke la en savnet slede være din unnskyldning nå,» la han til.

Thornton stand still da. Er wusste nicht, was er sagen sollte.

Thornton sto stille. Han visste ikke hvilke ord han skulle si.

Er blickte sich die Gesichter an, ohne sie deutlich zu erkennen.

Han så seg rundt på ansiktene uten å se dem tydelig.

Er sah aus wie ein Mann, der in Gedanken erstarrt war und versuchte, neu zu starten.

Han så ut som en mann som var fastlåst i tanker og prøvde å starte på nytt.

Dann sah er Jim O'Brien, einen Freund aus der Mastodon-Zeit.

Så så han Jim O'Brien, en venn fra Mastodon-dagene.

Dieses vertraute Gesicht gab ihm Mut, von dem er nicht wusste, dass er ihn hatte.

Det kjente ansiktet ga ham mot han ikke visste han hadde.

Er drehte sich um und fragte mit leiser Stimme: „Können Sie mir tausend leihen?"

Han snudde seg og spurte med lav stemme: «Kan du låne meg tusen?»

„Sicher", sagte O'Brien und ließ bereits einen schweren Sack neben dem Gold fallen.

«Jada,» sa O'Brien, og slapp allerede en tung sekk ved siden av gullet.

„Aber ehrlich gesagt, John, ich glaube nicht, dass das Biest das tun kann."

«Men ærlig talt, John, jeg tror ikke at udyret kan gjøre dette.»

Alle im Eldorado Saloon strömten nach draußen, um sich die Veranstaltung anzusehen.

Alle i Eldorado Saloon løp ut for å se arrangementet.

Sie ließen Tische und Getränke zurück und sogar die Spiele wurden unterbrochen.

De forlot bord og drinker, og til og med kampene ble satt på pause.

Dealer und Spieler kamen, um das Ende der kühnen Wette mitzuerleben.

Dealere og gamblere kom for å være vitne til slutten av det dristige veddemålet.

Hunderte versammelten sich auf der vereisten Straße um den Schlitten.

Hundrevis samlet seg rundt sleden på den isete åpne gaten.

Matthewsons Schlitten stand mit einer vollen Ladung Mehlsäcke da.

Matthewsons slede sto med en full last med melsekker.

Der Schlitten stand stundenlang bei Minustemperaturen.

Snøscooteren hadde stått i timevis i minustemperaturer.

Die Kufen des Schlittens waren fest am festgetretenen Schnee festgefroren.

Snøscooterens meder var frosset fast til den pakkete snøen.

Die Männer wetteten zwei zu eins, dass Buck den Schlitten nicht bewegen könne.

Mennene ga to til én odds på at Buck ikke kunne flytte sleden.

Es kam zu einem Streit darüber, was „ausbrechen" eigentlich bedeutet.

Det oppsto en krangel om hva «utbrudd» egentlig betydde.

O'Brien sagte, Thornton solle die festgefrorene Basis des Schlittens lösen.

O'Brien sa at Thornton burde løsne sledens frosne bunn.

Buck könnte dann aus einem soliden, bewegungslosen Start „ausbrechen".

Buck kunne da «bryte ut» fra en solid, stillestående start.

Matthewson argumentierte, dass der Hund auch die Läufer befreien müsse.

Matthewson argumenterte at hunden også måtte rive løperne løs.

Die Männer, die von der Wette gehört hatten, stimmten Matthewsons Ansicht zu.

Mennene som hadde hørt veddemålet var enige i Matthewsons syn.

Mit dieser Entscheidung stiegen die Chancen auf drei zu eins gegen Buck.

Med den kjennelsen hoppet oddsen til tre mot én mot Buck.

Niemand trat vor, um die wachsende Drei-zu-eins-Chance auf sich zu nehmen.

Ingen tok imot den økende oddsen på tre til én.

Kein einziger Mann glaubte, dass Buck diese große Leistung vollbringen könnte.

Ikke en eneste mann trodde Buck kunne utføre den store bragden.

Thornton war zu der Wette gedrängt worden, obwohl er voller Zweifel war.

Thornton hadde blitt forhastet inn i veddemålet, tynget av tvil.

Nun blickte er auf den Schlitten und das zehnköpfige Hundegespann daneben.

Nå så han på sleden og tihunders spannet ved siden av den.

Als ich die Realität der Aufgabe sah, erschien sie noch unmöglicher.

Å se oppgavens realitet gjorde den mer umulig.

Matthewson war in diesem Moment voller Stolz und Selbstvertrauen.

Matthewson var full av stolthet og selvtillit i det øyeblikket.

„Drei zu eins!", rief er. „Ich wette noch tausend, Thornton!"

«Tre mot én!» ropte han. «Jeg vedder på tusen til, Thornton!»

Was sagst du dazu?", fügte er laut genug hinzu, dass es alle hören konnten.

«Hva sier du?» la han til, høyt nok til at alle kunne høre det.

Thorntons Gesicht zeigte seine Zweifel, aber sein Geist war aufgeblüht.

Thorntons ansikt viste tvilen hans, men motet hans hadde steget.

Dieser Kampfgeist ignorierte alle Widrigkeiten und fürchtete sich überhaupt nicht.

Den kampånden ignorerte odds og fryktet ingenting i det hele tatt.

Er forderte Hans und Pete auf, ihr gesamtes Bargeld auf den Tisch zu bringen.

Han ringte Hans og Pete for å få alle pengene sine til bordet.

Ihnen blieb nicht mehr viel übrig – insgesamt nur zweihundert Dollar.

De hadde lite igjen – bare to hundre dollar til sammen.

Diese kleine Summe war ihr gesamtes Vermögen in schweren Zeiten.

Denne lille summen var deres totale formue i vanskelige tider.

Dennoch setzten sie ihr gesamtes Vermögen auf Matthewsons Wette.

Likevel satset de hele formuen mot Matthewsons veddemål.

Das zehnköpfige Hundegespann wurde abgekoppelt und vom Schlitten wegbewegt.

Tihunders spannet ble løsnet og beveget seg bort fra sleden.

Buck wurde in die Zügel genommen und trug sein vertrautes Geschirr.

Buck ble plassert i tømmene, iført sin kjente sele.

Er hatte die Energie der Menge aufgefangen und die Spannung gespürt.

Han hadde fanget energien i mengden og følt spenningen.

Irgendwie wusste er, dass er etwas für John Thornton tun musste.

På en eller annen måte visste han at han måtte gjøre noe for John Thornton.

Die Leute murmelten voller Bewunderung über die stolze Gestalt des Hundes.

Folk mumlet av beundring over hundens stolte skikkelse.

Er war schlank und stark und hatte kein einziges Gramm
Fleisch zu viel.

Han var slank og sterk, uten et eneste unse ekstra kjøtt.

Sein Gesamtgewicht von hundertfünfzig Pfund bestand nur
aus Kraft und Ausdauer.

Hans fulle vekt på hundre og femti pund var ren kraft og
utholdenhet.

Bucks Fell glänzte wie Seide und strotzte vor Gesundheit
und Kraft.

Bucks pels glitret som silke, tykk av helse og styrke.

Das Fell an seinem Hals und seinen Schultern schien sich
aufzurichten und zu sträuben.

Pelsen langs nakken og skuldrene hans syntes å løfte seg og
buse.

Seine Mähne bewegte sich leicht, jedes Haar war voller
Energie.

Manen hans beveget seg litt, hvert hårstrå levende med hans
store energi.

Seine breite Brust und seine starken Beine passten zu
seinem schweren, robusten Körperbau.

Hans brede brystkasse og sterke ben passet til den tunge,
robuste kroppen hans.

Unter seinem Mantel spannten sich Muskeln, straff und fest
wie geschmiedetes Eisen.

Musklene bølget under frakken hans, stramme og faste som
bundet jern.

Männer berührten ihn und schworen, er sei gebaut wie eine
Stahlmaschine.

Menn berørte ham og sverget på at han var bygd som en
stålmaskin.

Die Quoten sanken leicht auf zwei zu eins gegen den großen
Hund.

Oddsen falt litt til to mot én mot den flotte hunden.

Ein Mann von den Skookum Benches drängte sich stotternd
nach vorne.

En mann fra Skookum-benkene dyttet seg frem, stammende.

„Gut, Sir! Ich biete achthundert für ihn – vor der Prüfung, Sir!"

«Bra, herre! Jeg tilbyr åtte hundre for ham – før testen, herre!»

„Achthundert, so wie er jetzt dasteht!", beharrte der Mann.

«Åtte hundre, slik han står akkurat nå!» insisterte mannen.

Thornton trat vor, lächelte und schüttelte ruhig den Kopf.

Thornton gikk frem, smilte og ristet rolig på hodet.

Matthewson schritt schnell mit warnender Stimme und einem Stirnrunzeln ein.

Matthewson grep raskt inn med en advarende stemme og rynket pannen.

„Sie müssen Abstand von ihm halten", sagte er. „Geben Sie ihm Raum."

«Du må ta et skritt unna ham», sa han. «Gi ham plass.»

Die Menge verstummte; nur die Spieler boten noch zwei zu eins.

Publikum ble stille; bare spillerne tilbød fortsatt to mot én.

Alle bewunderten Bucks Körperbau, aber die Last schien zu groß.

Alle beundret Bucks kroppsbygning, men lasten så for stor ut.

Zwanzig Säcke Mehl – jeder fünfzig Pfund schwer – schienen viel zu viel.

Tjue sekker med mel – hver på femti pund – virket altfor mye.

Niemand war bereit, seinen Geldbeutel zu öffnen und sein Geld zu riskieren.

Ingen var villig til å åpne posen sin og risikere pengene sine.

Thornton kniete neben Buck und nahm seinen Kopf in beide Hände.

Thornton knelte ved siden av Buck og tok hodet hans i begge hender.

Er drückte seine Wange an Bucks und sprach in sein Ohr.

Han presset kinnet mot Bucks og snakket inn i øret hans.

Es gab jetzt kein spielerisches Schütteln oder geflüsterte liebevolle Beleidigungen.

Det var ingen leken risting eller hviskede kjærlige fornærmelser nå.

Er murmelte nur leise: „So sehr du mich liebst, Buck."

Han mumlet bare lavt: «Så mye som du elsker meg, Buck.»

Buck stieß ein leises Winseln aus, seine Begierde konnte er kaum zurückhalten.

Buck hylte lavt, iveren hans knapt undertrykt.

Die Zuschauer beobachteten neugierig, wie Spannung in der Luft lag.

Tilskuerne så nysgjerrig på mens spenningen fylte luften.

Der Moment fühlte sich fast unwirklich an, wie etwas jenseits der Vernunft.

Øyeblikket føltes nesten uvirkelig, som noe hinsides all fornuft.

Als Thornton aufstand, nahm Buck sanft seine Hand zwischen die Kiefer.

Da Thornton reiste seg, tok Buck forsiktig hånden hans mellom kjevene sine.

Er drückte mit den Zähnen nach unten und ließ dann langsam und sanft los.

Han presset ned med tennene, og slapp deretter sakte og forsiktig.

Es war eine stille Antwort der Liebe, nicht ausgesprochen, aber verstanden.

Det var et stille svar av kjærlighet, ikke uttalt, men forstått.

Thornton trat weit von dem Hund zurück und gab das Signal.

Thornton trakk seg godt tilbake fra hunden og ga signalet.

„Jetzt, Buck", sagte er und Buck antwortete mit konzentrierter Ruhe.

«Nå, Buck», sa han, og Buck svarte med fokusert ro.

Buck spannte die Leinen und lockerte sie dann um einige Zentimeter.

Buck strammet skinnene, og løsnet dem deretter noen centimeter.

Dies war die Methode, die er gelernt hatte; seine Art, den Schlitten zu zerbrechen.

Dette var metoden han hadde lært; hans måte å brekke sleden på.

„Mensch!", rief Thornton mit scharfer Stimme in der schweren Stille.

«Herregud!» ropte Thornton, med skarp stemme i den tunge stillheten.

Buck drehte sich nach rechts und stürzte sich mit seinem gesamten Gewicht nach vorn.

Buck snudde seg til høyre og kastet seg ut med all sin vekt.

Das Spiel verschwand und Bucks gesamte Masse traf die straffen Leinen.

Slakken forsvant, og Bucks fulle masse traff de trange sporene.

Der Schlitten zitterte und die Kufen machten ein knackendes, knisterndes Geräusch.

Sleden skalv, og medene lagde en skarp knitrende lyd.

„Haw!", befahl Thornton und änderte erneut Bucks Richtung.

«Ha!» befalte Thornton, og endret retning for Buck igjen.

Buck wiederholte die Bewegung und zog diesmal scharf nach links.

Buck gjentok bevegelsen, denne gangen trakk han skarpt til venstre.

Das Knacken des Schlittens wurde lauter, die Kufen knackten und verschoben sich.

Kjelken sprakk høyere, medene knitret og flyttet seg.

Die schwere Last rutschte leicht seitwärts über den gefrorenen Schnee.

Den tunge lasten gled litt sidelengs over den frosne snøen.

Der Schlitten hatte sich aus der Umklammerung des eisigen Pfades gelöst!

Snøscooteren hadde løsnet fra den isete løypa!

Die Männer hielten den Atem an, ohne zu merken, dass sie nicht einmal atmeten.

Mennene holdt pusten, uvitende om at de ikke engang pustet.

„Jetzt ZIEHEN!", rief Thornton durch die eisige Stille.

«Nå, DRA!» ropte Thornton utover den frosne stillheten.

Thorntons Befehl klang scharf wie ein Peitschenknall.

Thorntons kommando runget skarpt, som lyden av en piske.

Buck stürzte sich mit einem heftigen und heftigen Ausfallschritt nach vorne.

Buck kastet seg fremover med et voldsomt og rystende utfall.

Sein ganzer Körper war aufgrund der enormen Belastung angespannt und verkrampft.

Hele kroppen hans spente seg og sammenkrøplet på grunn av den massive belastningen.

Unter seinem Fell spannten sich Muskeln wie lebendig werdende Schlangen.

Muskler bølget under pelsen hans som slanger som våkner til liv.

Seine breite Brust war tief, der Kopf nach vorne zum Schlitten gestreckt.

Hans store brystkasse var lav, hodet strukket fremover mot sleden.

Seine Pfoten bewegten sich blitzschnell und seine Krallen zerschnitten den gefrorenen Boden.

Potene hans beveget seg som lyn, klørne skar den frosne bakken.

Er kämpfte um jeden Zentimeter Bodenhaftung und hinterließ tiefe Rillen.

Det ble skåret dype spor mens han kjempet for hver centimeter med trekkraft.

Der Schlitten schaukelte, zitterte und begann eine langsame, unruhige Bewegung.

Sleden gynget, skalv og begynte en langsom, urolig bevegelse.

Ein Fuß rutschte aus und ein Mann in der Menge stöhnte laut auf.

Den ene foten skled, og en mann i mengden stønnet høyt.

Dann machte der Schlitten mit einer ruckartigen, heftigen Bewegung einen Satz nach vorne.

Så kastet sleden seg fremover i en rykkende, ru bevegelse.

Es hörte nicht wieder auf – noch einen halben Zoll ... einen Zoll ... zwei Zoll mehr.

Den stoppet ikke igjen – en halv tomme ... en tomme ... to tommer til.

Die Stöße wurden kleiner, als der Schlitten an Geschwindigkeit zunahm.

Rykkene ble mindre etter hvert som sleden begynte å få fart.

Bald zog Buck mit sanfter, gleichmäßiger Rollkraft.

Snart trakk Buck med jevn, myk rullekraft.

Die Männer schnappten nach Luft und erinnerten sich schließlich wieder daran zu atmen.

Mennene gispet og husket endelig å puste igjen.

Sie hatten nicht bemerkt, dass ihnen vor Ehrfurcht der Atem stockte.

De hadde ikke lagt merke til at pusten deres hadde stoppet i ærefrykt.

Thornton rannte hinterher und rief kurze, fröhliche Befehle.

Thornton løp bak og ropte korte, muntre kommandoer.

Vor uns lag ein Stapel Brennholz, der die Entfernung markierte.

Foran lå en stabel med ved som markerte avstanden.

Als Buck sich dem Haufen näherte, wurde der Jubel immer lauter.

Etter hvert som Buck nærmet seg haugen, ble jubelen høyere og høyere.

Der Jubel schwoll zu einem Brüllen an, als Buck den Endpunkt passierte.

Jubelropene vokste til et brøl idet Buck passerte endepunktet.

Männer sprangen auf und schrien, sogar Matthewson grinste.

Menn hoppet og ropte, til og med Matthewson brøt ut i et glis.

Hüte flogen durch die Luft, Fäustlinge wurden gedankenlos und ziellos herumgeworfen.

Hatter fløy opp i luften, votter ble kastet uten tanke eller mål.

Männer packten einander und schüttelten sich die Hände, ohne zu wissen, wer es war.

Mennene grep tak i hverandre og håndhilste uten å vite hvem.

Die ganze Menge war in wilder, freudiger Stimmung.

Hele mengden summet av vill, gledesfylt feiring.

Thornton fiel mit zitternden Händen neben Buck auf die Knie.

Thornton falt ned på kne ved siden av Buck med skjelvende hender.

Er drückte seinen Kopf an Bucks und schüttelte ihn sanft hin und her.

Han presset hodet mot Bucks og ristet ham forsiktig frem og tilbake.

Diejenigen, die näher kamen, hörten, wie er den Hund mit stiller Liebe verfluchte.

De som kom nærmere hørte ham forbanne hunden med stille kjærlighet.

Er beschimpfte Buck lange – leise, herzlich und emotional.

Han bannet til Buck lenge – mykt, varmt og følelsesladet.

„Gut, Sir! Gut, Sir!", rief der König der Skookum-Bank hastig.

«Bra, herre! Bra, herre!» ropte Skookum Bench-kongen i all hast.

„Ich gebe Ihnen tausend – nein, zwölfhundert – für diesen Hund, Sir!"

«Jeg gir deg tusen – nei, tolv hundre – for den hunden, sir!»

Thornton stand langsam auf, seine Augen glänzten vor Emotionen.

Thornton reiste seg sakte, øynene hans skinte av følelser.

Tränen strömten ihm ohne jede Scham über die Wangen.

Tårene strømmet åpent nedover kinnene hans uten skam.

„Sir", sagte er zum König der Skookum-Bank, ruhig und bestimmt

«Herre,» sa han til kongen av Skookum-benken, stødig og bestemt.

„Nein, Sir. Sie können zur Hölle fahren, Sir. Das ist meine endgültige Antwort."

«Nei, sir. De kan dra til helvete, sir. Det er mitt endelige svar.»

Buck packte Thorntons Hand sanft mit seinen starken Kiefern.

Buck grep forsiktig Thorntons hånd med de sterke kjevene hans.

Thornton schüttelte ihn spielerisch, ihre Bindung war so tief wie eh und je.

Thornton ristet ham lekent, båndet deres var like sterkt som alltid.

Die Menge, bewegt von diesem Moment, trat schweigend zurück.

Mengden, beveget av øyeblikket, trakk seg tilbake i stillhet.

Von da an wagte es niemand mehr, diese heilige Zuneigung zu unterbrechen.

Fra da av turte ingen å avbryte en slik hellig hengivenhet.

Der Klang des Rufs
Lyden av kallet

Buck hatte in fünf Minuten Sechzehnhundert Dollar verdient.

Buck hadde tjent seksten hundre dollar på fem minutter.

Mit dem Geld konnte John Thornton einen Teil seiner Schulden begleichen.

Pengene lot John Thornton betale ned noe av gjelden sin.

Mit dem restlichen Geld machte er sich mit seinen Partnern auf den Weg nach Osten.

Med resten av pengene dro han østover sammen med partnerne sine.

Sie suchten nach einer sagenumwobenen verlorenen Mine, die so alt ist wie das Land selbst.

De lette etter en sagnomsuste, tapt gruve, like gammel som landet selv.

Viele Männer hatten nach der Mine gesucht, aber nur wenige hatten sie je gefunden.

Mange menn hadde lett etter gruven, men få hadde noen gang funnet den.

Während der gefährlichen Suche waren nicht wenige Männer verschwunden.

Mer enn noen få menn hadde forsvunnet under den farlige søken.

Diese verlorene Mine war sowohl in Geheimnisse als auch in eine alte Tragödie gehüllt.

Denne tapte gruven var pakket inn i både mystikk og gammel tragedie.

Niemand wusste, wer der erste Mann war, der die Mine entdeckt hatte.

Ingen visste hvem den første mannen som fant gruven hadde vært.

In den ältesten Geschichten wird niemand namentlich erwähnt.

De eldste historiene nevner ingen ved navn.

Dort hatte immer eine alte, baufällige Hütte gestanden.

Det hadde alltid stått en gammel, falleferdig hytte der.

Sterbende Männer hatten geschworen, dass sich neben dieser alten Hütte eine Mine befand.

Døende menn hadde sverget på at det var en gruve ved siden av den gamle hytta.

Sie bewiesen ihre Geschichten mit Gold, wie es nirgendwo sonst zu finden ist.

De beviste historiene sine med gull som ingen andre steder finner.

Keine lebende Seele hatte den Schatz von diesem Ort jemals geplündert.

Ingen levende sjel hadde noen gang plyndret skatten fra det stedet.

Die Toten waren tot, und Tote erzählen keine Geschichten.

De døde var døde, og døde menn forteller ingen historier.

Also machten sich Thornton und seine Freunde auf den Weg in den Osten.

Så dro Thornton og vennene hans østover.

Pete und Hans kamen mit Buck und sechs starken Hunden.

Pete og Hans ble med, og hadde med seg Buck og seks sterke hunder.

Sie begaben sich auf einen unbekannten Weg, an dem andere gescheitert waren.

De la ut på en ukjent sti der andre hadde mislyktes.

Sie rodelten siebzig Meilen den zugefrorenen Yukon River hinauf.

De aket sytti mil oppover den frosne Yukon-elven.

Sie bogen links ab und folgten dem Pfad bis zum Stewart.

De svingte til venstre og fulgte stien inn i Stewart-elven.

Sie passierten Mayo und McQuestion und drängten weiter.

De passerte Mayo og McQuestion og fortsatte videre.

Der Stewart schrumpfte zu einem Strom, der sich durch zerklüftete Gipfel schlängelte.

Stewart-elven krympet inn i en bekk og trådte langs taggete topper.

Diese scharfen Gipfel markierten das Rückgrat des Kontinents.

Disse skarpe toppene markerte selve ryggraden på kontinentet.

John Thornton verlangte wenig von den Menschen oder der Wildnis.

John Thornton krevde lite av menn eller det ville landskapet.

Er fürchtete nichts in der Natur und begegnete der Wildnis mit Leichtigkeit.

Han fryktet ingenting i naturen og møtte villmarken med letthet.

Nur mit Salz und einem Gewehr konnte er reisen, wohin er wollte.

Med bare salt og en gevær kunne han reise hvor han ville.

Wie die Eingeborenen jagte er auf seiner Reise nach Nahrung.

I likhet med de innfødte jaktet han mat mens han reiste.

Wenn er nichts fing, machte er weiter und vertraute auf sein Glück.

Hvis han ikke fikk noe, fortsatte han, og stolte på flaksen.

Auf dieser langen Reise war Fleisch die Hauptnahrungsquelle.

På denne lange reisen var kjøtt det viktigste de spiste.

Der Schlitten enthielt Werkzeuge und Munition, jedoch keinen strengen Zeitplan.

Sleden inneholdt verktøy og ammunisjon, men ingen streng tidsplan.

Buck liebte dieses Herumwandern, die endlose Jagd und das Fischen.

Buck elsket denne vandringen; den endeløse jakten og fisket.

Wochenlang waren sie Tag für Tag unterwegs.

I flere uker reiste de dag etter jevn dag.

Manchmal schlugen sie Lager auf und blieben wochenlang dort.

Andre ganger slo de leir og ble værende i flere uker.

Die Hunde ruhten sich aus, während die Männer im gefrorenen Dreck gruben.

Hundene hvilte mens mennene gravde gjennom frossen jord.

Sie erwärmten Pfannen über dem Feuer und suchten nach verborgenem Gold.

De varmet pannene over bål og lette etter skjult gull.

An manchen Tagen hungerten sie, an anderen feierten sie Feste.

Noen dager sultet de, og andre dager hadde de fester.

Ihre Mahlzeiten hingen vom Wild und vom Jagdglück ab.

Måltidene deres var avhengig av viltet og jaktflaksen.

Als der Sommer kam, trugen Männer und Hunde schwere Lasten auf ihren Rücken.

Da sommeren kom, pakket menn og hunder last på ryggen.

Sie fuhren mit dem Floß über blaue Seen, die in Bergwäldern versteckt waren.

De raftet over blå innsjøer gjemt i fjellskoger.

Sie segelten in schmalen Booten auf Flüssen, die noch nie von Menschen kartiert worden waren.

De seilte slanke båter på elver ingen mann noen gang hadde kartlagt.

Diese Boote wurden aus Bäumen gebaut, die sie in der Wildnis gesägt haben.

Disse båtene ble bygget av trær de saget i naturen.

Die Monate vergingen und sie schlängelten sich durch die wilden, unbekannten Länder.

Månedene gikk, og de snodde seg gjennom de ville, ukjente landene.

Es waren keine Männer dort, doch alte Spuren deuteten darauf hin, dass Männer dort gewesen waren.

Det var ingen menn der, men gamle spor antydet at det hadde vært menn der.

Wenn die verlorene Hütte echt war, dann waren einst andere hier entlang gekommen.

Hvis Den tapte hytta var ekte, hadde andre en gang kommet denne veien.

Sie überquerten hohe Pässe bei Schneestürmen, sogar im Sommer.

De krysset høye pass i snøstormer, selv om sommeren.

Sie zitterten unter der Mitternachtssonne auf kahlen Berghängen.

De skalv under midnattssolen på nakne fjellsider.

Zwischen der Baumgrenze und den Schneefeldern stiegen sie langsam auf.

Mellom tregrensen og snøfeltene klatret de sakte.

In warmen Tälern schlugen sie nach Schwärmen aus Mücken und Fliegen.

I varme daler slo de mot skyer av knott og fluer.

Sie pflückten süße Beeren in der Nähe von Gletschern in voller Sommerblüte.

De plukket søte bær nær isbreer i full sommerblomst.

Die Blumen, die sie fanden, waren genauso schön wie die im Süden.

Blomstene de fant var like vakre som de i Sørlandet.

Im Herbst erreichten sie eine einsame Region voller stiller Seen.

Den høsten nådde de et ensomt område fylt med stille innsjøer.

Das Land war traurig und leer, einst voller Vögel und Tiere.

Landet var trist og tomt, en gang levd av fugler og dyr.

Jetzt gab es kein Leben mehr, nur noch den Wind und das Eis, das sich in Pfützen bildete.

Nå var det ikke noe liv, bare vinden og isen som dannet seg i dammer.

Mit einem sanften, traurigen Geräusch schlugen die Wellen gegen die leeren Ufer.

Bølger slo mot tomme strender med en myk, sørgmodig lyd.

Ein weiterer Winter kam und sie folgten erneut schwachen, alten Spuren.

Nok en vinter kom, og de fulgte svake, gamle stier igjen.

Dies waren die Spuren von Männern, die schon lange vor ihnen gesucht hatten.

Dette var sporene til menn som hadde lett lenge før dem.

Einmal fanden sie einen Pfad, der tief in den dunklen Wald hineinreichte.

En gang fant de en sti dypt inn i den mørke skogen.

Es war ein alter Pfad und sie hatten das Gefühl, dass die verlorene Hütte ganz in der Nähe war.

Det var en gammel sti, og de følte at den tapte hytta var nær.

Doch die Spur führte nirgendwo hin und verlor sich im dichten Wald.

Men stien førte ingen steder og forsvant inn i den tette skogen.

Wer auch immer die Spur angelegt hat und warum, das wusste niemand.

Hvem som helst som lagde stien, og hvorfor de lagde den, visste ingen.

Später fanden sie das Wrack einer Hütte, versteckt zwischen den Bäumen.

Senere fant de vraket av en hytte gjemt blant trærne.

Verrottende Decken lagen verstreut dort, wo einst jemand geschlafen hatte.

Råtnende tepper lå strødd der noen en gang hadde sovet.

John Thornton fand darin ein Steinschlossgewehr mit langem Lauf.

John Thornton fant en flintlås med lang løp begravd inni.

Er wusste, dass es sich um eine Waffe von Hudson Bay aus den frühen Handelstagen handelte.

Han visste at dette var en Hudson Bay-kanon fra tidlige handelsdager.

Damals wurden solche Gewehre gegen Stapel von Biberfellen eingetauscht.

På den tiden ble slike kanoner byttet mot stabler med beverskinn.

Das war alles – von dem Mann, der die Hütte gebaut hatte, gab es keine Spur mehr.

Det var alt – ingen spor gjensto etter mannen som bygde hytta.

Der Frühling kam wieder und sie fanden keine Spur von der verlorenen Hütte.

Våren kom igjen, og de fant ingen tegn til den tapte hytta.

Stattdessen fanden sie ein breites Tal mit einem seichten Bach.

I stedet fant de en bred dal med en grunn bekk.

Gold lag wie glatte, gelbe Butter auf dem Pfannenboden.

Gull lå over bunnen av pannen som glatt, gult smør.

Sie hielten dort an und suchten nicht weiter nach der Hütte.

De stoppet der og lette ikke lenger etter hytta.

Jeden Tag arbeiteten sie und fanden Tausende in Goldstaub.

Hver dag arbeidet de og fant tusenvis i gullstøv.

Sie packten das Gold in Säcke aus Elchhaut, jeder Fünfzig Pfund schwer.

De pakket gullet i sekker med elgskinn, femti pund hver.

Die Säcke waren wie Brennholz vor ihrer kleinen Hütte gestapelt.

Sekkene var stablet som ved utenfor den lille hytta deres.

Sie arbeiteten wie Giganten und die Tage vergingen wie im Flug.

De jobbet som kjemper, og dagene gikk som raske drømmer.

Sie häuften Schätze an, während die endlosen Tage schnell vorbeizogen.

De samlet skatter mens de endeløse dagene rullet raskt forbi.

Außer ab und zu Fleisch zu schleppen, gab es für die Hunde nicht viel zu tun.

Det var lite hundene kunne gjøre bortsett fra å dra på kjøtt nå og da.

Thornton jagte und tötete das Wild, und Buck lag am Feuer.

Thornton jaktet og drepte viltet, og Buck lå ved bålet.

Er verbrachte viele Stunden schweigend, versunken in Gedanken und Erinnerungen.

Han tilbrakte lange timer i stillhet, fortapt i tanker og minner.

Das Bild des haarigen Mannes kam Buck immer häufiger in den Sinn.

Bildet av den hårete mannen dukket oftere opp i Bucks sinn.

Jetzt, wo es kaum noch Arbeit gab, träumte Buck, während er ins Feuer blinzelte.

Nå som det var lite arbeid, drømte Buck mens han blunket mot bålet.

In diesen Träumen wanderte Buck mit dem Mann in eine andere Welt.

I disse drømmene vandret Buck med mannen i en annen verden.

Angst schien das stärkste Gefühl in dieser fernen Welt zu sein.

Frykt virket som den sterkeste følelsen i den fjerne verden.

Buck sah, wie der haarige Mann mit gesenktem Kopf schlief.

Buck så den hårete mannen sove med bøyd hode.

Seine Hände waren gefaltet und sein Schlaf war unruhig und unterbrochen.

Hendene hans var foldet, og søvnen hans var urolig og avbrutt.

Er wachte immer ruckartig auf und starrte ängstlich in die Dunkelheit.

Han pleide å våkne med et rykk og stirre fryktsomt inn i mørket.

Dann warf er mehr Holz ins Feuer, um die Flamme hell zu halten.

Så kastet han mer ved på bålet for å holde flammen sterk.

Manchmal spazierten sie an einem Strand entlang, der an einem grauen, endlosen Meer entlangführte.

Noen ganger gikk de langs en strand ved et grått, endeløst hav.

Der haarige Mann sammelte Schalentiere und aß sie im Gehen.

Den hårete mannen plukket skalldyr og spiste dem mens han gikk.

Seine Augen suchten immer nach verborgenen Gefahren in den Schatten.

Øynene hans lette alltid etter skjulte farer i skyggene.

Seine Beine waren immer bereit, beim ersten Anzeichen einer Bedrohung loszusprinten.

Beina hans var alltid klare til å spurte ved første tegn på trussel.

Sie schlichen still und vorsichtig Seite an Seite durch den Wald.

De krøp gjennom skogen, stille og forsiktige, side om side.

Buck folgte ihm auf den Fersen und beide blieben wachsam.
Buck fulgte etter ham, og begge forble årvåkne.

Ihre Ohren zuckten und bewegten sich, ihre Nasen schnüffelten in der Luft.
Ørene deres dirret og beveget seg, nesene deres snuste i luften.

Der Mann konnte den Wald genauso gut hören und riechen wie Buck.
Mannen kunne høre og lukte skogen like skarpt som Buck.

Der haarige Mann schwang sich mit plötzlicher Geschwindigkeit durch die Bäume.
Den hårete mannen svingte seg gjennom trærne med plutselig fart.

Er sprang von Ast zu Ast, ohne jemals den Halt zu verlieren.
Han hoppet fra gren til gren uten å miste grepet.

Er bewegte sich über dem Boden genauso schnell wie auf ihm.
Han beveget seg like raskt over bakken som han gjorde på den.

Buck erinnerte sich an lange Nächte, in denen er unter den Bäumen Wache hielt.
Buck husket lange netter under trærne, hvor han holdt vakt.

Der Mann schlief auf seiner Stange in den Zweigen und klammerte sich fest.
Mannen sov og hvilte i grenene og klamret seg tett til.

Diese Vision des haarigen Mannes war eng mit dem tiefen Ruf verbunden.
Denne visjonen av den hårete mannen var nært knyttet til det dype kallet.

Der Ruf klang noch immer mit eindringlicher Kraft durch den Wald.
Ropet lød fortsatt gjennom skogen med hjemsøkende kraft.

Der Anruf erfüllte Buck mit Sehnsucht und einem rastlosen Gefühl der Freude.
Samtalen fylte Buck med lengsel og en rastløs følelse av glede.

Er spürte seltsame Triebe und Regungen, die er nicht benennen konnte.

Han følte merkelige lyster og følelser som han ikke kunne navngi.

Manchmal folgte er dem Ruf tief in die Stille des Waldes.

Noen ganger fulgte han kallet dypt inn i den stille skogen.

Er suchte nach dem Ruf und bellte dabei leise oder scharf.

Han lette etter kallet, bjeffende lavt eller skarpt mens han gikk.

Er roch am Moos und der schwarzen Erde, wo die Gräser wuchsen.

Han snuste på mosen og den svarte jorden der gresset vokste.

Er schnaubte entzückt über den reichen Geruch der tiefen Erde.

Han fnøs av fryd over de rike luktene fra den dype jorden.

Er hockte stundenlang hinter pilzbefallenen Baumstämmen.

Han krøp sammen i timevis bak stammer dekket av sopp.

Er blieb still und lauschte mit großen Augen jedem noch so kleinen Geräusch.

Han ble stående stille og lyttet med store øyne til hver minste lyd.

Vielleicht hoffte er, das Wesen, das den Ruf auslöste, zu überraschen.

Han håpet kanskje å overraske den som ringte.

Er wusste nicht, warum er so handelte – er tat es einfach.

Han visste ikke hvorfor han oppførte seg slik – han bare gjorde det.

Die Triebe kamen aus der Tiefe, jenseits von Denken und Vernunft.

Trangene kom dypt innenfra, hinsides tanke eller fornuft.

Unwiderstehliche Triebe überkamen Buck ohne Vorwarnung oder Grund.

Uimotståelige lyster grep tak i Buck uten forvarsel eller grunn.

Manchmal döste er träge im Lager in der Mittagshitze.

Til tider døset han dovent i leiren i middagsvarmen.

Plötzlich hob er den Kopf und stellte aufmerksam die Ohren auf.

Plutselig løftet han hodet og ørene hans skyter våkent i været.

Dann sprang er auf und stürmte ohne Pause in die Wildnis.

Så sprang han opp og løp ut i villmarken uten å nøle.

Er rannte stundenlang durch Waldwege und offene Flächen.

Han løp i timevis gjennom skogsstier og åpne områder.

Er liebte es, trockenen Bachläufen zu folgen und Vögel in den Bäumen zu beobachten.

Han elsket å følge tørre bekkeleier og spionere på fugler i trærne.

Er könnte den ganzen Tag versteckt liegen und den Rebhühnern beim Herumstolzieren zusehen.

Han kunne ligge gjemt hele dagen og se på rapphøns som spankulerte rundt.

Sie trommelten und marschierten, ohne Bucks Anwesenheit zu bemerken.

De trommet og marsjerte, uvitende om Bucks fortsatt tilstedeværelse.

Doch am meisten liebte er das Laufen in der Sommerdämmerung.

Men det han elsket mest var å løpe i skumringen om sommeren.

Das schwache Licht und die schläfrigen Waldgeräusche erfüllten ihn mit Freude.

Det svake lyset og de søvnige skogslydene fylte ham med glede.

Er las die Zeichen des Waldes so deutlich, wie ein Mann ein Buch liest.

Han leste skogsskiltene like tydelig som en mann leser en bok.

Und er suchte immer nach dem seltsamen Ding, das ihn rief.

Og han lette alltid etter den merkelige tingen som kalte på ham.

Dieser Ruf hörte nie auf – er erreichte ihn im Wachzustand und im Schlaf.

Det kallet stoppet aldri – det nådde ham enten han var våken eller sovende.

Eines Nachts erwachte er mit einem Ruck, die Augen waren scharf und die Ohren gespitzt.

En natt våknet han med et rykk, med skarpe øyne og høye ører.

Seine Nasenlöcher zuckten, während seine Mähne in Wellen sträubte.

Neseborene hans dirret mens manen hans sto og bølget seg.

Aus der Tiefe des Waldes ertönte erneut der alte Ruf.

Fra dypet av skogen kom lyden igjen, det gamle kallet.

Diesmal war der Ton klar und deutlich zu hören, ein langes, eindringliches, vertrautes Heulen.

Denne gangen ringte lyden tydelig, et langt, hjemsøkende, kjent hyl.

Es klang wie der Schrei eines Huskys, aber mit einem seltsamen und wilden Ton.

Det var som en huskys skrik, men merkelig og vill i tonen.

Buck erkannte das Geräusch sofort – er hatte das genaue Geräusch vor langer Zeit gehört.

Buck kjente igjen lyden med en gang – han hadde hørt den nøyaktige lyden for lenge siden.

Er sprang durch das Lager und verschwand schnell im Wald.

Han hoppet gjennom leiren og forsvant raskt inn i skogen.

Als er sich dem Geräusch näherte, wurde er langsamer und bewegte sich vorsichtig.

Da han nærmet seg lyden, sakket han farten og beveget seg forsiktig.

Bald erreichte er eine Lichtung zwischen dichten Kiefern.

Snart nådde han en lysning mellom tette furutrær.

Dort saß aufrecht auf seinen Hinterbeinen ein großer, schlanker Timberwolf.

Der, oppreist på bakbenene, satt en høy, mager skogulv.

Die Nase des Wolfes zeigte zum Himmel und hallte noch immer den Ruf wider.

Ulvens nese pekte mot himmelen, fortsatt med et ekko av ropet.

Buck hatte keinen Laut von sich gegeben, doch der Wolf blieb stehen und lauschte.

Buck hadde ikke laget noen lyd, men ulven stoppet og lyttet.

Der Wolf spürte etwas, spannte sich an und suchte die Dunkelheit ab.

Ulven fornemmet noe, spente seg og lette i mørket.

Buck schlich ins Blickfeld, mit gebeugtem Körper und ruhigen Füßen auf dem Boden.

Buck snek seg til syne, med lav kropp og føttene rolige på bakken.

Sein Schwanz war gerade, sein Körper vor Anspannung zusammengerollt.

Halen hans var rett, kroppen hans kveilet stramt av spenning.

Er zeigte sowohl eine bedrohliche als auch eine Art raue Freundschaft.

Han viste både trussel og et slags røft vennskap.

Es war die vorsichtige Begrüßung, die wilde Tiere einander entgegenbrachten.

Det var den forsiktige hilsenen som de ville dyrene delte.

Aber der Wolf drehte sich um und floh, sobald er Buck sah.

Men ulven snudde seg og flyktet så snart den så Buck.

Buck nahm die Verfolgung auf und sprang wild um sich, begierig darauf, es einzuholen.

Buck satte etter den, hoppet vilt, ivrig etter å forbikjøre den.

Er folgte dem Wolf in einen trockenen Bach, der durch einen Holzstau blockiert war.

Han fulgte etter ulven inn i en tørr bekk som var blokkert av en tømmerstokk.

In die Enge getrieben, wirbelte der Wolf herum und blieb stehen.

Ulven snurret seg rundt og sto på sitt.

Der Wolf knurrte und schnappte wie ein gefangener Husky im Kampf.

Ulven glefset og glefset som en fanget huskyhund i en slåsskamp.

Die Zähne des Wolfes klickten schnell, sein Körper strotzte vor wilder Wut.

Ulvens tenner klikket raskt, kroppen dens strittet av vill raseri.

Buck griff nicht an, sondern umkreiste den Wolf mit vorsichtiger Freundlichkeit.

Buck angrep ikke, men gikk rundt ulven med forsiktig vennlighet.

Durch langsame, harmlose Bewegungen versuchte er, seine Flucht zu verhindern.

Han prøvde å blokkere flukten med langsomme, ufarlige bevegelser.

Der Wolf war vorsichtig und verängstigt – Buck war dreimal so schwer wie er.

Ulven var skeptisk og redd – Buck var tre ganger sterkere enn ham.

Der Kopf des Wolfes reichte kaum bis zu Bucks massiver Schulter.

Ulvehodet nådde så vidt opp til Bucks massive skulder.

Der Wolf hielt Ausschau nach einer Lücke, rannte los und die Jagd begann von neuem.

Ulven speidet etter et gap, løp av gårde og jakten begynte igjen.

Buck drängte ihn mehrere Male in die Enge und der Tanz wiederholte sich.

Flere ganger presset Buck ham inn i et hjørne, og dansen gjentok seg.

Der Wolf war dünn und schwach, sonst hätte Buck ihn nicht fangen können.

Ulven var tynn og svak, ellers kunne ikke Buck ha fanget ham.

Jedes Mal, wenn Buck näher kam, wirbelte der Wolf herum und sah ihn voller Angst an.

Hver gang Buck kom nærmere, snurret ulven seg og møtte ham i frykt.

Dann rannte er bei der ersten Gelegenheit erneut in den Wald.

Så ved første sjanse, løp han av gårde inn i skogen igjen.

Aber Buck gab nicht auf und schließlich fasste der Wolf Vertrauen zu ihm.

Men Buck ga ikke opp, og til slutt begynte ulven å stole på ham.

Er schnüffelte an Bucks Nase und die beiden wurden verspielt und aufmerksam.

Han snuste Buck på nesen, og de to ble lekne og årvåkne.

Sie spielten wie wilde Tiere, wild und doch schüchtern in ihrer Freude.

De lekte som ville dyr, hissige, men likevel sjenerte i sin glede.

Nach einer Weile trabte der Wolf zielstrebig und ruhig davon.

Etter en stund travet ulven av gårde med rolig hensikt.

Er machte Buck deutlich, dass er beabsichtigte, verfolgt zu werden.

Han viste tydelig Buck at han ville bli fulgt etter.

Sie rannten Seite an Seite durch die Dämmerung.

De løp side om side gjennom skumringsmørket.

Sie folgten dem Bachbett hinauf in die felsige Schlucht.

De fulgte bekkeleier opp i den steinete juvet.

Sie überquerten eine kalte Wasserscheide, wo der Bach entsprungen war.

De krysset et kaldt skille der strømmen hadde startet.

Am gegenüberliegenden Hang fanden sie ausgedehnte Wälder und viele Bäche.

På den fjerne skråningen fant de vid skog og mange bekker.

Durch dieses weite Land rannten sie stundenlang ohne Pause.

Gjennom dette enorme landet løp de i timevis uten å stoppe.

Die Sonne stieg höher, die Luft wurde wärmer, aber sie rannten weiter.

Solen steg høyere, luften ble varm, men de løp videre.

Buck war voller Freude – er wusste, dass er seiner Berufung folgte.

Buck var fylt av glede – han visste at han svarte på kallet sitt.

Er rannte neben seinem Waldbruder her, näher an die Quelle des Rufs.

Han løp ved siden av skogbroren sin, nærmere kilden til kallet.

Alte Gefühle kehrten zurück, stark und schwer zu ignorieren.

Gamle følelser kom tilbake, sterke og vanskelige å ignorere.

Dies waren die Wahrheiten hinter den Erinnerungen aus seinen Träumen.

Dette var sannhetene bak minnene fra drømmene hans.

All dies hatte er schon einmal in einer fernen, schattenhaften Welt getan.

Han hadde gjort alt dette før i en fjern og skyggefull verden.

Jetzt tat er es wieder und rannte wild herum, während der Himmel über ihm frei war.

Nå gjorde han dette igjen, og løp amok med den åpne himmelen over seg.

Sie hielten an einem Bach an, um aus dem kalten, fließenden Wasser zu trinken.

De stoppet ved en bekk for å drikke av det kalde, rennende vannet.

Während er trank, erinnerte sich Buck plötzlich an John Thornton.

Mens han drakk, husket Buck plutselig John Thornton.

Er saß schweigend da, hin- und hergerissen zwischen der Anziehungskraft der Loyalität und der Berufung.

Han satte seg ned i stillhet, revet av lojalitetens og kallets tiltrekning.

Der Wolf trabte weiter, kam aber zurück, um Buck anzutreiben.

Ulven travet videre, men kom tilbake for å presse Buck fremover.

Er rümpfte die Nase und versuchte, ihn mit sanften Gesten zu beruhigen.

Han snufset på nesen og prøvde å lokke ham med myke gester.

Aber Buck drehte sich um und machte sich auf den Rückweg.

Men Buck snudde seg og begynte å gå tilbake samme vei som han kom.

Der Wolf lief lange Zeit neben ihm her und winselte leise.

Ulven løp ved siden av ham lenge og klynket stille.

Dann setzte er sich hin, hob die Nase und stieß ein langes Heulen aus.

Så satte han seg ned, hevet nesen og slapp ut et langt hyl.

Es war ein trauriger Schrei, der leiser wurde, als Buck wegging.

Det var et sørgmodig skrik, som myknet idet Buck gikk sin vei.

Buck lauschte, als der Schrei langsam in der Stille des Waldes verklang.

Buck lyttet mens lyden av gråten sakte forsvant inn i skogens stillhet.

John Thornton aß gerade zu Abend, als Buck ins Lager stürmte.

John Thornton spiste middag da Buck stormet inn i leiren.

Buck sprang wild auf ihn zu, leckte, biss und warf ihn um.

Buck hoppet vilt over ham, slikket, bet og veltet ham.

Er warf ihn um, kletterte darauf und küsste sein Gesicht.

Han veltet ham, klatret oppå og kysset ham i ansiktet.

Thornton nannte dies liebevoll „den allgemeinen Narren spielen".

Thornton kalte dette å «spille den generelle narren» med hengivenhet.

Die ganze Zeit verfluchte er Buck sanft und schüttelte ihn hin und her.

Hele tiden bannet han forsiktig over Buck og ristet ham frem og tilbake.

Zwei ganze Tage und Nächte lang verließ Buck das Lager kein einziges Mal.

I to hele dager og netter forlot Buck ikke leiren én eneste gang.

Er blieb in Thorntons Nähe und ließ ihn nie aus den Augen.

Han holdt seg tett inntil Thornton og lot ham aldri gå ut av syne.

Er folgte ihm bei der Arbeit und beobachtete ihn beim Essen.

Han fulgte ham mens han arbeidet og så på ham mens han spiste.

Er begleitete Thornton abends in seine Decken und jeden Morgen wieder heraus.

Han så Thornton ligge i teppene sine om natten og ute hver morgen.

Doch bald kehrte der Ruf des Waldes zurück, lauter als je zuvor.

Men snart kom skogsropet tilbake, høyere enn noen gang før.

Buck wurde wieder unruhig, aufgewühlt von Gedanken an den wilden Wolf.

Buck ble urolig igjen, opprørt av tanker om den ville ulven.

Er erinnerte sich an das offene Land und daran, wie sie Seite an Seite gelaufen waren.

Han husket det åpne landskapet og det å løpe side om side.

Er begann erneut, allein und wachsam in den Wald zu wandern.

Han begynte å vandre inn i skogen igjen, alene og årvåken.

Aber der wilde Bruder kam nicht zurück und das Heulen war nicht zu hören.

Men den ville broren kom ikke tilbake, og ulet ble ikke hørt.

Buck begann, draußen zu schlafen und blieb tagelang weg.

Buck begynte å sove ute, og holdt seg borte i flere dager av gangen.

Einmal überquerte er die hohe Wasserscheide, wo der Bach entsprungen war.

En gang krysset han det høye skiltet der bekken hadde startet.

Er betrat das Land des dunklen Waldes und der breiten, fließenden Ströme.

Han kom inn i landet med mørkt tømmer og vide, rennende bekker.

Eine Woche lang streifte er umher und suchte nach Spuren seines wilden Bruders.

I en uke vandret han rundt og lette etter tegn etter den ville broren.

Er tötete sein eigenes Fleisch und reiste mit langen, unermüdlichen Schritten.

Han drepte sitt eget kjøtt og reiste med lange, utrettelige skritt.

Er fischte in einem breiten Fluss, der bis ins Meer reichte, nach Lachs.

Han fisket laks i en bred elv som nådde ut til havet.

Dort kämpfte er gegen einen von Insekten verrückt gewordenen Schwarzbären und tötete ihn.

Der kjempet han mot og drepte en svartbjørn som var gal av insekter.

Der Bär war beim Angeln und rannte blind durch die Bäume.

Bjørnen hadde fisket og løp i blinde gjennom trærne.

Der Kampf war erbittert und weckte Bucks tiefen Kampfgeist.

Kampen var hard, og vekket Bucks dype kampånd.

Als Buck zwei Tage später zurückkam, fand er Vielfraße an seiner Beute vor.

To dager senere kom Buck tilbake for å finne jerv ved byttet sitt.

Ein Dutzend von ihnen stritten sich lautstark und wütend um das Fleisch.

Et dusin av dem kranglet om kjøttet i høylytt raseri.

Buck griff an und zerstreute sie wie Blätter im Wind.

Buck stormet frem og spredte dem som blader i vinden.

Zwei Wölfe blieben zurück – still, leblos und für immer regungslos.

To ulver ble igjen – stille, livløse og ubevegelige for alltid.

Der Blutdurst wurde stärker denn je.

Blodtørsten ble sterkere enn noensinne.

Buck war ein Jäger, ein Killer, der sich von Lebewesen ernährte.

Buck var en jeger, en morder, som spiste levende vesener.

Er überlebte allein und verließ sich auf seine Kraft und seine scharfen Sinne.

Han overlevde alene, avhengig av sin styrke og skarpe sanser.

Er gedieh in der Wildnis, wo nur die Zähesten überleben konnten.

Han trivdes i naturen, der bare de tøffeste kunne leve.

Daraus erwuchs ein großer Stolz, der Bucks ganzes Wesen erfüllte.

Fra dette steg en stor stolthet opp og fylte hele Bucks vesen.

Sein Stolz war in jedem seiner Schritte und in der Anspannung jedes einzelnen Muskels zu erkennen.

Stoltheten hans viste seg i hvert eneste skritt, i krusningen i hver muskel.

Sein Stolz war so deutlich wie seine Sprache und spiegelte sich in seiner Haltung wider.

Stoltheten hans var like tydelig som tale, noe som viste seg i hvordan han oppførte seg.

Sogar sein dickes Fell sah majestätischer aus und glänzte heller.

Selv den tykke pelsen hans så mer majestetisk ut og glitret klarere.

Man hätte Buck mit einem riesigen Timberwolf verwechseln können.

Buck kunne ha blitt forvekslet med en gigantisk tømmerulv.

Außer dem Braun an seiner Schnauze und den Flecken über seinen Augen.

Bortsett fra brunt på snuten og flekker over øynene.

Und der weiße Fellstreifen, der mitten auf seiner Brust verlief.

Og den hvite pelsstripen som rant nedover midten av brystet hans.

Er war sogar größer als der größte Wolf dieser wilden Rasse.

Han var enda større enn den største ulven av den ville rasen.

Sein Vater, ein Bernhardiner, verlieh ihm Größe und einen schweren Körperbau.

Faren hans, en sanktbernhardshund, ga ham størrelse og tung kropp.

Seine Mutter, eine Schäferin, formte diesen Körper zu einer wolfsähnlichen Gestalt.

Moren hans, en gjeter, formet den massen til en ulvelignende form.

Er hatte die lange Schnauze eines Wolfes, war allerdings schwerer und breiter.

Han hadde den lange snuten til en ulv, men tyngre og bredere.

Sein Kopf war der eines Wolfes, aber von massiver, majestätischer Gestalt.

Hodet hans var et ulves, men bygget i en massiv, majestetisk skala.

Bucks List war die List des Wolfes und der Wildnis.

Bucks list var ulvens og villmarkens list.

Seine Intelligenz hat er sowohl vom Deutschen Schäferhund als auch vom Bernhardiner.

Hans intelligens kom fra både den tyske gjeterhunden og sanktbernhardshunden.

All dies und harte Erfahrungen machten ihn zu einer furchterregenden Kreatur.

Alt dette, pluss harde erfaringer, gjorde ham til en fryktinngytende skapning.

Er war so furchterregend wie jedes andere Tier, das in der Wildnis des Nordens umherstreifte.

Han var like formidabel som ethvert dyr som streifet rundt i den nordlige villmarken.

Buck ernährte sich ausschließlich von Fleisch und erreichte den Höhepunkt seiner Kraft.

Buck levde kun på kjøtt og nådde sitt fulle styrketopp.

Jede Faser seines Körpers strotzte vor Kraft und männlicher Stärke.

Han fløt over av kraft og maskulin styrke i hver fiber av seg.

Als Thornton seinen Rücken streichelte, funkelten seine Haare vor Energie.

Da Thornton strøk seg over ryggen, glitret hårene av energi.

Jedes Haar knisterte, aufgeladen durch die Berührung lebendigen Magnetismus.

Hvert hårstrå knitret, ladet med en berøring av levende magnetisme.

Sein Körper und sein Gehirn waren auf die höchstmögliche Tonhöhe eingestellt.

Kroppen og hjernen hans var innstilt på den fineste mulige tonehøyden.

Jeder Nerv, jede Faser und jeder Muskel arbeitete in perfekter Harmonie.

Hver nerve, fiber og muskel fungerte i perfekt harmoni.

Auf jedes Geräusch oder jeden Anblick, der eine Aktion erforderte, reagierte er sofort.

På enhver lyd eller syn som krevde handling, reagerte han umiddelbart.

Wenn ein Husky zum Angriff ansetzte, konnte Buck doppelt so schnell springen.

Hvis en husky hoppet for å angripe, kunne Buck hoppe dobbelt så fort.

Er reagierte schneller, als andere es sehen oder hören konnten.

Han reagerte raskere enn andre kunne se eller høre.

Wahrnehmung, Entscheidung und Handlung erfolgten alle in einem fließenden Moment.

Persepsjon, beslutning og handling kom alt i ett flytende øyeblikk.

Tatsächlich geschahen diese Handlungen getrennt voneinander, aber zu schnell, um es zu bemerken.

I sannhet var disse handlingene separate, men for raske til å bli lagt merke til.

Die Abstände zwischen diesen Akten waren so kurz, dass sie wie ein einziger Akt wirkten.

Så korte var mellomrommene mellom disse handlingene at de virket som én.

Seine Muskeln und sein Körper waren wie straff gespannte Federn.

Musklene og vesenet hans var som tett opprullede fjærer.

Sein Körper strotzte vor Leben, wild und freudig in seiner Kraft.

Kroppen hans blusset av liv, vill og gledesfylt i sin kraft.

Manchmal hatte er das Gefühl, als würde die Kraft völlig aus ihm herausbrechen.

Til tider følte han at kraften skulle bryte ut av ham fullstendig.

„So einen Hund hat es noch nie gegeben", sagte Thornton eines ruhigen Tages.

«Det har aldri vært en slik hund», sa Thornton en stille dag.

Die Partner sahen zu, wie Buck stolz aus dem Lager schritt.

Partnerne så Buck komme stolt skrittende ut av leiren.

„Als er erschaffen wurde, veränderte er, was ein Hund sein kann", sagte Pete.

«Da han ble skapt, forandret han hva en hund kan være», sa Pete.

„Bei Gott! Das glaube ich auch", stimmte Hans schnell zu.

«Ved Jesus! Det tror jeg selv», sa Hans raskt enig.

Sie sahen ihn abmarschieren, aber nicht die Veränderung, die danach kam.

De så ham marsjere av gårde, men ikke forandringen som kom etterpå.

Sobald er den Wald betrat, verwandelte sich Buck völlig.

Så snart han kom inn i skogen, forvandlet Buck seg fullstendig.

Er marschierte nicht mehr, sondern bewegte sich wie ein wilder Geist zwischen den Bäumen.

Han marsjerte ikke lenger, men beveget seg som et vilt spøkelse blant trærne.

Er wurde still, katzenpfotenartig, ein Flackern, das durch die Schatten huschte.

Han ble stille, kattefot, et flimrende gled gjennom skyggene.

Er nutzte die Deckung geschickt und kroch wie eine Schlange auf dem Bauch.

Han dekket seg med dyktighet, og krøp på magen som en slange.

Und wie eine Schlange konnte er lautlos nach vorne springen und zuschlagen.

Og som en slange kunne han hoppe frem og slå til i stillhet.

Er könnte ein Schneehuhn direkt aus seinem versteckten Nest stehlen.

Han kunne stjele en rype rett fra dens skjulte reir.

Er tötete schlafende Kaninchen, ohne ein einziges Geräusch zu machen.

Han drepte sovende kaniner uten en eneste lyd.

Er konnte Streifenhörnchen mitten in der Luft fangen, wenn sie zu langsam flohen.

Han kunne fange jordegern midt i luften siden de flyktet for sakte.

Selbst Fische in Teichen konnten seinen plötzlichen Angriffen nicht entkommen.

Selv fisk i dammer kunne ikke unnslippe hans plutselige angrep.

Nicht einmal schlaue Biber, die Dämme reparierten, waren vor ihm sicher.

Ikke engang smarte bevere som reparerte demninger var trygge for ham.

Er tötete, um Nahrung zu bekommen, nicht zum Spaß – aber seine eigene Beute gefiel ihm am besten.

Han drepte for mat, ikke for moro skyld – men likte sine egne drap best.

Dennoch war bei manchen seiner stillen Jagden ein hintergründiger Humor spürbar.

Likevel gikk en slu humor gjennom noen av hans stille jakter.

Er schlich sich dicht an Eichhörnchen heran, ließ sie aber dann entkommen.

Han krøp tett inntil ekorn, bare for å la dem unnslippe.

Sie wollten in die Bäume fliehen und schnatterten voller Angst und Empörung.

De skulle flykte til trærne, mens de skravlet i fryktsom forargelse.

Mit dem Herbst kamen immer mehr Elche.

Etter hvert som høsten kom, begynte elg å dukke opp i større antall.

Sie zogen langsam in die tiefer gelegenen Täler, um dem Winter entgegenzukommen.

De beveget seg sakte inn i de lave dalene for å møte vinteren.

Buck hatte bereits ein junges, streunendes Kalb erlegt.

Buck hadde allerede felt én ung, bortkommen kalv.

Doch er sehnte sich danach, einer größeren, gefährlicheren Beute gegenüberzutreten.

Men han lengtet etter å møte større, farligere bytte.

Eines Tages fand er an der Wasserscheide, an der Quelle des Baches, seine Chance.

En dag på skiljet, ved bekkens utspring, fant han sin sjanse.

Eine Herde von zwanzig Elchen war aus bewaldeten Gebieten herübergekommen.

En flokk på tjue elger hadde krysset over fra skogkledde områder.

Unter ihnen war ein mächtiger Stier, der Anführer der Gruppe.

Blant dem var en mektig okse; lederen av gruppen.

Der Bulle war über ein Meter achtzig Meter groß und sah grimmig und wild aus.

Oksen var over to meter høy og så voldsom og vill ut.

Er warf sein breites Geweih hin und her, dessen vierzehn Enden sich nach außen verzweigten.

Han kastet sine brede gevir, fjorten spisser forgrenet seg utover.

Die Spitzen dieser Geweihe hatten einen Durchmesser von sieben Fuß.

Tuppene på geviret strakte seg syv fot på bredden.

Seine kleinen Augen brannten vor Wut, als er Buck in der Nähe entdeckte.

De små øynene hans brant av raseri da han fikk øye på Buck i nærheten.

Er stieß ein wütendes Brüllen aus und zitterte vor Wut und Schmerz.

Han slapp ut et rasende brøl, skalv av raseri og smerte.

Nahe seiner Flanke ragte eine gefiederte und scharfe Pfeilspitze hervor.

En pilspiss stakk ut nær flanken hans, fjærkledd og skarp.

Diese Wunde trug dazu bei, seine wilde, verbitterte Stimmung zu erklären.

Dette såret bidro til å forklare hans ville, bitre humør.

Buck, geleitet von seinem uralten Jagdinstinkt, machte seinen Zug.

Buck, styrt av eldgammelt jaktinstinkt, gjorde sitt trekk.

Sein Ziel war es, den Bullen vom Rest der Herde zu trennen.

Han hadde som mål å skille oksen fra resten av flokken.

Dies war keine leichte Aufgabe – es erforderte Schnelligkeit und messerscharfe List.

Dette var ingen enkel oppgave – det krevde fart og voldsom list.

Er bellte und tanzte in der Nähe des Stiers, gerade außerhalb seiner Reichweite.

Han bjeffet og danset nær oksen, like utenfor rekkevidde.

Der Elch stürzte sich mit riesigen Hufen und tödlichem Geweih auf ihn.

Elgen forsvant med enorme hover og dødelige gevir.

Ein Schlag hätte Bucks Leben im Handumdrehen beenden können.

Ett slag kunne ha avsluttet Bucks liv på et blunk.

Der Stier konnte die Bedrohung nicht hinter sich lassen und wurde wütend.

Oksen klarte ikke å legge trusselen bak seg og ble rasende.

Er stürmte wütend auf ihn zu, doch Buck entkam ihm jedes Mal.

Han angrep i raseri, men Buck snek seg alltid unna.

Buck täuschte Schwäche vor und lockte ihn weiter von der Herde weg.

Buck lot som om han var svak, og lokket ham lenger bort fra flokken.

Doch die jungen Bullen wollten zurückstürmen, um den Anführer zu beschützen.

Men unge okser skulle storme tilbake for å beskytte lederen.

Sie zwangen Buck zum Rückzug und den Bullen, sich wieder der Gruppe anzuschließen.

De tvang Buck til å trekke seg tilbake og oksen til å slutte seg til gruppen igjen.

In der Wildnis herrscht eine tiefe und unaufhaltsame Geduld.

Det finnes en tålmodighet i villmarken, dyp og ustoppelig.

Eine Spinne wartet unzählige Stunden bewegungslos in ihrem Netz.

En edderkopp venter ubevegelig i nettet sitt i utallige timer.

Eine Schlange rollt sich ohne zu zucken zusammen und wartet, bis es Zeit ist.

En slange kveiler seg uten å rykke, og venter til det er tid.

Ein Panther liegt auf der Lauer, bis der Moment gekommen ist.

En panter ligger i bakhold, helt til øyeblikket kommer.

Dies ist die Geduld von Raubtieren, die jagen, um zu überleben.

Dette er tålmodigheten til rovdyr som jakter for å overleve.

Dieselbe Geduld brannte in Buck, als er in seiner Nähe blieb.

Den samme tålmodigheten brant i Buck mens han holdt seg nær.

Er blieb in der Nähe der Herde, verlangsamte ihren Marsch und schürte Angst.

Han holdt seg i nærheten av flokken, bremset marsjen og skapte frykt.

Er ärgerte die jungen Bullen und schikanierte die Mutterkühe.

Han ertet de unge oksene og trakasserte kyrne.

Er trieb den verwundeten Stier in eine noch tiefere, hilflose Wut.

Han drev den sårede oksen inn i et dypere, hjelpeløst raseri.

Einen halben Tag lang zog sich der Kampf ohne Pause hin.

I en halv dag trakk kampen ut uten noen hvile i det hele tatt.

Buck griff aus jedem Winkel an, schnell und wild wie der Wind.

Buck angrep fra alle kanter, raskt og voldsomt som vinden.

Er hinderte den Stier daran, sich auszuruhen oder sich bei seiner Herde zu verstecken.

Han hindret oksen i å hvile eller gjemme seg sammen med flokken sin.

Buck zermürbte den Willen des Elchs schneller als seinen Körper.

Bukken tæret ned elgens viljestyrke raskere enn kroppen dens.

Der Tag verging und die Sonne sank tief am nordwestlichen Himmel.

Dagen gikk, og solen sank lavt på nordvesthimmelen.

Die jungen Bullen kehrten langsamer zurück, um ihrem Anführer zu helfen.

De unge oksene kom saktere tilbake for å hjelpe lederen sin.

Die Herbstnächte waren zurückgekehrt und die Dunkelheit dauerte nun sechs Stunden.

Høstnettene hadde kommet tilbake, og mørket varte nå i seks timer.

Der Winter drängte sie bergab in sicherere, wärmere Täler.

Vinteren presset dem nedoverbakke til tryggere, varmere daler.

Aber sie konnten dem Jäger, der sie zurückhielt, immer noch nicht entkommen.

Men de klarte likevel ikke å unnslippe jegeren som holdt dem tilbake.

Es stand nur ein Leben auf dem Spiel – nicht das der Herde, sondern nur das ihres Anführers.

Bare ett liv sto på spill – ikke flokkens, bare lederens.

Dadurch wurde die Bedrohung in weite Ferne gerückt und ihre dringende Sorge wurde aufgehoben.

Det gjorde trusselen fjern og ikke deres presserende bekymring.

Mit der Zeit akzeptierten sie diesen Preis und überließen Buck die Übernahme des alten Bullen.

Med tiden aksepterte de denne kostnaden og lot Buck ta den gamle oksen.

Als die Dämmerung hereinbrach, stand der alte Bulle mit gesenktem Kopf da.

Da skumringen senket seg, sto den gamle oksen med hodet bøyd.

Er sah zu, wie die Herde, die er geführt hatte, im schwindenden Licht verschwand.

Han så flokken han hadde ledet forsvinne i det svinnende lyset.

Es gab Kühe, die er gekannt hatte, Kälber, deren Vater er einst gewesen war.

Det var kyr han hadde kjent, kalver han en gang hadde blitt far til.

Es gab jüngere Bullen, gegen die er in vergangenen Saisons gekämpft und die er beherrscht hatte.

Det var yngre okser han hadde kjempet mot og hersket mot i tidligere sesonger.

Er konnte ihnen nicht folgen, denn vor ihm kauerte Buck wieder.

Han kunne ikke følge etter dem – for foran ham satt Buck på huk igjen.

Der gnadenlose Schrecken mit den Reißzähnen versperrte ihm jeden Weg.

Den nådeløse, hoggtennerfulle terroren blokkerte enhver vei han kunne ta.

Der Bulle brachte mehr als drei Zentner geballte Kraft auf die Waage.

Oksen veide mer enn tre hundre vekt av tett kraft.

Er hatte ein langes Leben geführt und in einer Welt voller Kämpfe hart gekämpft.

Han hadde levd lenge og kjempet hardt i en verden preget av kamp.

Doch nun, am Ende, kam der Tod von einem Tier, das weit unter ihm stand.

Likevel, nå, til slutt, kom døden fra et udyr langt under ham.

Bucks Kopf erreichte nicht einmal die riesigen, mit Knöcheln besetzten Knie des Bullen.

Bucks hode nådde ikke engang oksens enorme, knoklete knær.

Von diesem Moment an blieb Buck Tag und Nacht bei dem Bullen.

Fra det øyeblikket av ble Buck hos oksen natt og dag.

Er gönnte ihm keine Ruhe, erlaubte ihm nie zu grasen oder zu trinken.

Han ga ham aldri hvile, lot ham aldri beite eller drikke.

Der Stier versuchte, junge Birkentriebe und Weidenblätter zu fressen.

Oksen prøvde å spise unge bjørkeskudd og pileblader.

Aber Buck verjagte ihn, immer wachsam und immer angreifend.

Men Buck jaget ham av gårde, alltid årvåken og alltid angripende.

Sogar an plätschernden Bächen blockte Buck jeden durstigen Versuch ab.

Selv ved sildrende bekker blokkerte Buck ethvert tørstende forsøk.

Manchmal floh der Stier aus Verzweiflung mit voller Geschwindigkeit.

Noen ganger, i desperasjon, flyktet oksen i full fart.

Buck ließ ihn laufen und lief ruhig direkt hinter ihm her, nie weit entfernt.

Buck lot ham løpe, rolig løpende like bak, aldri langt unna.

Als der Elch innehielt, legte sich Buck hin, blieb aber bereit.

Da elgen stoppet, la Buck seg ned, men holdt seg klar.

Wenn der Bulle versuchte zu fressen oder zu trinken, schlug Buck mit voller Wut zu.

Hvis oksen prøvde å spise eller drikke, slo Buck til med fullt raseri.

Der große Kopf des Stiers sank tiefer unter sein gewaltiges Geweih.

Oksens store hode hang lavere under det enorme geviret.

Sein Tempo verlangsamte sich, der Trab wurde schwerfällig, ein stolpernder Schritt.

Tempoet hans sakket, travet ble tungt; en snublende skritt.

Er stand oft still mit hängenden Ohren und der Nase am Boden.

Han sto ofte stille med hengende ører og nesen mot bakken.

In diesen Momenten nahm sich Buck Zeit zum Trinken und Ausruhen.

I disse øyeblikkene tok Buck seg tid til å drikke og hvile.

Mit heraushängender Zunge und starrem Blick spürte Buck, wie sich das Land veränderte.

Med tungen ute, øynene festet, følte Buck at landet forandret seg.

Er spürte, wie sich etwas Neues durch den Wald und den Himmel bewegte.

Han følte noe nytt bevege seg gjennom skogen og himmelen.

Mit der Rückkehr der Elche kehrten auch andere Wildtiere zurück.

Etter hvert som elgen kom tilbake, gjorde andre ville skapninger det også.

Das Land fühlte sich lebendig an, mit einer Präsenz, die man nicht sieht, aber deutlich wahrnimmt.

Landet føltes levende med tilstedeværelse, usett, men sterkt kjent.

Buck wusste dies weder am Geräusch, noch am Anblick oder am Geruch.

Det var ikke ved lyd, syn eller lukt at Buck visste dette.

Ein tieferes Gefühl sagte ihm, dass neue Kräfte im Gange waren.

En dypere sans fortalte ham at nye krefter var i bevegelse.

In den Wäldern und entlang der Bäche herrschte seltsames Leben.

Merkelig liv rørte seg i skogene og langs bekkene.

Er beschloss, diesen Geist zu erforschen, nachdem die Jagd beendet war.

Han bestemte seg for å utforske denne ånden etter at jakten var fullført.

Am vierten Tag erlegte Buck endlich den Elch.

På den fjerde dagen fikk Buck endelig ned elgen.

Er blieb einen ganzen Tag und eine ganze Nacht bei der Beute, fraß und ruhte sich aus.

Han ble værende ved byten en hel dag og natt, spiste og hvilte.

Er aß, schlief dann und aß dann wieder, bis er stark und satt war.

Han spiste, så sov han, så spiste han igjen, helt til han var sterk og mett.

Als er fertig war, kehrte er zum Lager und nach Thornton zurück.

Da han var klar, snudde han seg tilbake mot leiren og Thornton.

Mit gleichmäßigem Tempo begann er die lange Heimreise.

Med jevnt tempo startet han den lange hjemreisen.

Er rannte in seinem unermüdlichen Galopp Stunde um Stunde, ohne auch nur ein einziges Mal vom Weg abzukommen.

Han løp i sin utrettelige løp, time etter time, uten å avvike én eneste gang.

Durch unbekannte Länder bewegte er sich schnurgerade wie eine Kompassnadel.

Gjennom ukjente land beveget han seg rett som en kompassnål.

Sein Orientierungssinn ließ Mensch und Karte im Vergleich schwach erscheinen.

Hans retningssans fikk mennesket og kartet til å virke svake i sammenligning.

Während Buck rannte, spürte er die Bewegung in der Wildnis stärker.

Etter hvert som Buck løp, følte han sterkere opprøret i det ville landskapet.

Es war eine neue Art zu leben, anders als in den ruhigen Sommermonaten.

Det var en ny type liv, ulikt det i de rolige sommermånedene.

Dieses Gefühl kam nicht länger als subtile oder entfernte Botschaft.

Denne følelsen kom ikke lenger som en subtil eller fjern beskjed.

Nun sprachen die Vögel von diesem Leben und Eichhörnchen plapperten darüber.

Nå snakket fuglene om dette livet, og ekornene pratet om det.

Sogar die Brise flüsterte Warnungen durch die stillen Bäume.

Selv brisen hvisket advarsler gjennom de stille trærne.

Mehrmals blieb er stehen und schnupperte die frische Morgenluft.

Flere ganger stoppet han og snuste inn den friske morgenluften.

Dort las er eine Nachricht, die ihn schneller nach vorne springen ließ.

Der leste han en beskjed som fikk ham til å hoppe raskere fremover.

Ein starkes Gefühl der Gefahr erfüllte ihn, als wäre etwas schiefgelaufen.

En dyp følelse av fare fylte ham, som om noe hadde gått galt.

Er befürchtete, dass ein Unglück bevorstünde – oder bereits eingetreten war.

Han fryktet at ulykken var på vei – eller allerede hadde kommet.

Er überquerte den letzten Bergrücken und betrat das darunterliegende Tal.

Han krysset den siste ryggen og kom inn i dalen nedenfor.

Er bewegte sich langsamer und war bei jedem Schritt aufmerksamer und vorsichtiger.

Han beveget seg saktere, årvåken og forsiktig med hvert skritt.

Drei Meilen weiter fand er eine frische Spur, die ihn erstarren ließ.

Tre mil unna fant han et nytt spor som fikk ham til å stivne.

Die Haare in seinem Nacken stellten sich auf und sträubten sich vor Schreck.

Håret langs halsen hans bølget og bustet av alarm.

Die Spur führte direkt zum Lager, wo Thornton wartete.

Stien ledet rett mot leiren der Thornton ventet.

Buck bewegte sich jetzt schneller, seine Schritte waren lautlos und schnell zugleich.

Buck beveget seg raskere nå, skrittene hans både stille og raske.

Seine Nerven lagen blank, als er Zeichen las, die andere übersehen würden.

Nervene hans strammet seg da han leste tegn som andre kom til å overse.

Jedes Detail der Spur erzählte eine Geschichte – außer dem letzten Stück.

Hver detalj i stien fortalte en historie – bortsett fra den siste biten.

Seine Nase erzählte ihm von dem Leben, das hier vorbeigezogen war.

Nesen hans fortalte ham om livet som hadde passert på denne måten.

Der Duft vermittelte ihm ein wechselndes Bild, als er dicht hinter ihm folgte.

Lukten ga ham et skiftende bilde mens han fulgte tett etter.

Doch im Wald selbst war es still geworden, unnatürlich still.

Men selve skogen hadde blitt stille; unaturlig stille.

Die Vögel waren verschwunden, die Eichhörnchen hatten sich versteckt, waren still und ruhig.

Fugler var forsvunnet, ekorn var gjemt, stille og stille.

Er sah nur ein einziges Grauhörnchen, das flach auf einem toten Baum lag.

Han så bare ett grått ekorn, flatt på et dødt tre.

Das Eichhörnchen fügte sich steif und reglos in den Wald ein.

Ekornet blandet seg inn, stivt og ubevegelig som en del av skogen.

Buck bewegte sich wie ein Schatten, lautlos und sicher durch die Bäume.

Buck beveget seg som en skygge, stille og sikker gjennom trærne.

Seine Nase zuckte zur Seite, als würde sie von einer unsichtbaren Hand gezogen.

Nesen hans rykket til side som om den var dratt av en usynlig hånd.

Er drehte sich um und folgte der neuen Spur tief in ein Dickicht hinein.

Han snudde seg og fulgte den nye lukten dypt inn i et kratt.

Dort fand er Nig tot daliegend, von einem Pfeil durchbohrt.

Der fant han Nig, liggende død, gjennomboret av en pil.

Der Schaft durchdrang seinen Körper, die Federn waren noch zu sehen.

Skaftet gikk gjennom kroppen hans, fjærene var fortsatt synlige.

Nig hatte sich dorthin geschleppt, war jedoch gestorben, bevor er Hilfe erreichen konnte.

Nig hadde slept seg dit, men døde før han nådde frem til hjelp.

Hundert Meter weiter fand Buck einen weiteren Schlittenhund.

Hundre meter lenger fremme fant Buck en annen sledehund.

Es war ein Hund, den Thornton in Dawson City gekauft hatte.

Det var en hund som Thornton hadde kjøpt tilbake i Dawson City.

Der Hund befand sich in einem tödlichen Kampf und schlug heftig auf dem Weg um sich.

Hunden var i en dødskamp, og slet hardt på stien.

Buck ging um ihn herum, blieb nicht stehen und richtete den Blick nach vorne.

Buck gikk forbi ham uten å stoppe, med blikket rettet fremover.

Aus Richtung des Lagers ertönte in der Ferne ein rhythmischer Gesang.

Fra leirens retning kom en fjern, rytmisk sang.

Die Stimmen schwoll in einem seltsamen, unheimlichen Singsangton an und ab.

Stemmer hevet og falt i en merkelig, uhyggelig, syngende tone.

Buck kroch schweigend zum Rand der Lichtung.

Buck krøp frem til kanten av lysningen i stillhet.

Dort sah er Hans mit dem Gesicht nach unten liegen, von vielen Pfeilen durchbohrt.

Der så han Hans ligge med ansiktet ned, gjennomboret av mange piler.

Sein Körper sah aus wie der eines Stachelschweins und war mit gefiederten Schäften bestückt.

Kroppen hans så ut som et piggsvin, full av fjærkledde skafter.

Im selben Moment blickte Buck in Richtung der zerstörten Hütte.

I samme øyeblikk så Buck mot den ødelagte hytta.

Bei diesem Anblick stellten sich ihm die Nacken- und Schulterhaare auf.

Synet fikk håret til å reise seg stivt på nakken og skuldrene hans.

Ein Sturm wilder Wut durchfuhr Bucks ganzen Körper.

En storm av vilt raseri feide gjennom hele Bucks kropp.

Er knurrte laut, obwohl er nicht wusste, dass er es getan hatte.

Han knurret høyt, selv om han ikke visste at han hadde gjort det.

Der Klang war rau, erfüllt von furchterregender, wilder Wut.

Lyden var rå, fylt av skremmende, vill raseri.

Zum letzten Mal in seinem Leben verlor Buck den Verstand und die Gefühle.

For siste gang i livet mistet Buck fornuften til fordel for følelsene.

Es war die Liebe zu John Thornton, die seine sorgfältige Kontrolle brach.

Det var kjærligheten til John Thornton som brøt hans nøye kontroll.

Die Yeehats tanzten um die zerstörte Fichtenhütte.

Yeehat-familien danset rundt den ødelagte granhytta.

Dann ertönte ein Brüllen – und ein unbekanntes Tier stürmte auf sie zu.

Så kom et brøl – og et ukjent beist stormet mot dem.

Es war Buck, eine aufbrausende Furie, ein lebendiger Sturm der Rache.

Det var Buck; et raseri i bevegelse; en levende hevnstorm.

Wahnsinnig vor Tötungsdrang stürzte er sich mitten unter sie.

Han kastet seg midt iblant dem, rasende av trang til å drepe.

Er sprang auf den ersten Mann, den Yeehat-Häuptling, und traf zielsicher.

Han hoppet mot den første mannen, Yeehat-høvdingen, og traff på sant.

Seine Kehle war aufgerissen und Blut spritzte in einem Strom.

Halsen hans var revet opp, og blod sprutet i en strøm.

Buck blieb nicht stehen, sondern riss dem nächsten Mann mit einem Sprung die Kehle durch.

Buck stoppet ikke, men rev over halsen på nestemann med ett sprang.

Er war nicht aufzuhalten – er riss, schlug und machte nie eine Pause, um sich auszuruhen.

Han var ustoppelig – rev i stykker, hogg, og tok aldri en pause for å hvile.

Er schoss und sprang so schnell, dass ihre Pfeile ihn nicht treffen konnten.

Han pilte og sprang så fort at pilene deres ikke kunne nå ham.

Die Yeehats waren in ihrer eigenen Panik und Verwirrung gefangen.

Yeehat-familien var fanget i sin egen panikk og forvirring.

Ihre Pfeile verfehlten Buck und trafen stattdessen einander.

Pilene deres bommet på Buck og traff hverandre i stedet.

Ein Jugendlicher warf einen Speer nach Buck und traf einen anderen Mann.

En ungdom kastet et spyd mot Buck og traff en annen mann.

Der Speer durchbohrte seine Brust und die Spitze durchbohrte seinen Rücken.

Spydet gikk gjennom brystet hans, og spissen slo ut i ryggen hans.

Die Yeehats wurden von Panik erfasst und zogen sich umgehend zurück.

Terror feide over Yeehat-ene, og de brøt inn i full retrett.

Sie schrien vor dem bösen Geist und flohen in die Schatten des Waldes.

De skrek etter den onde ånden og flyktet inn i skogens skygger.

Buck war wirklich wie ein Dämon, als er die Yeehats jagte.

Buck var virkelig som en demon da han jaget Yeehat-familien.

Er raste hinter ihnen durch den Wald her und erlegte sie wie Rehe.

Han rev etter dem gjennom skogen og førte dem ned som hjorter.

Für die verängstigten Yeehats wurde es ein Tag des Schicksals und des Terrors.

Det ble en skjebnens og terrorens dag for de skremte Yeehatene.

Sie zerstreuten sich über das Land und flohen in alle Richtungen.

De spredte seg over landet og flyktet langt i alle retninger.

Eine ganze Woche verging, bevor sich die letzten Überlebenden in einem Tal trafen.

En hel uke gikk før de siste overlevende møttes i en dal.

Erst dann zählten sie ihre Verluste und sprachen über das Geschehene.

Først da telte de tapene sine og snakket om hva som hadde skjedd.

Nachdem Buck die Jagd satt hatte, kehrte er zum zerstörten Lager zurück.

Etter å ha blitt lei av jakten, vendte Buck tilbake til den ødelagte leiren.

Er fand Pete, noch in seine Decken gehüllt, getötet beim ersten Angriff.

Han fant Pete, fortsatt i teppene sine, drept i det første angrepet.

Spuren von Thorntons letztem Kampf waren im Dreck in der Nähe zu sehen.

Spor etter Thorntons siste kamp var markert i jorden i nærheten.

Buck folgte jeder Spur und erschnüffelte jede Markierung bis zum letzten Punkt.

Buck fulgte hvert spor og snuste på hvert merke til et siste punkt.

Am Rand eines tiefen Teichs fand er den treuen Skeet, der still dalag.

Ved kanten av et dypt basseng fant han den trofaste Skeet, liggende stille.

Skeets Kopf und Vorderpfoten lagen regungslos im Wasser, er lag tot da.

Skeets hode og forlabber var i vannet, ubevegelige i døden.

Der Teich war schlammig und durch das Abwasser aus den Schleusenkästen verunreinigt.

Bassenget var gjørmete og tilsølt med avrenning fra sluseboksene.

Seine trübe Oberfläche verbarg, was darunter lag, aber Buck kannte die Wahrheit.

Den skyfylte overflaten skjulte det som lå under, men Buck visste sannheten.

Er folgte Thorntons Spur bis in den Pool – doch die Spur führte nirgendwo anders hin.

Han fulgte Thorntons lukt ned i bassenget – men lukten førte ingen andre steder.

Es gab keinen Geruch, der hinausführte – nur die Stille des tiefen Wassers.

Det var ingen duft som ledet ut – bare stillheten på dypt vann.

Den ganzen Tag blieb Buck in der Nähe des Teichs und ging voller Trauer im Lager auf und ab.

Hele dagen ble Buck værende ved dammen og gikk sorgfullt frem og tilbake i leiren.

Er wanderte ruhelos umher oder saß regungslos da, in tiefe Gedanken versunken.

Han vandret rastløst rundt eller satt stille, fortapt i tunge tanker.

Er kannte den Tod, das Ende des Lebens, das Verschwinden aller Bewegung.

Han kjente døden; livets slutt; forsvinnelsen av all bevegelse.

Er verstand, dass John Thornton weg war und nie wieder zurückkehren würde.

Han forsto at John Thornton var borte, og aldri for å komme tilbake.

Der Verlust hinterließ eine Leere in ihm, die wie Hunger pochte.

Tapet etterlot et tomrom i ham som dunket som sult.

Doch dieser Hunger konnte durch Essen nicht gestillt werden, egal, wie viel er aß.

Men dette var en sult maten ikke kunne stille, uansett hvor mye han spiste.

Manchmal, wenn er die toten Yeehats ansah, ließ der Schmerz nach.

Til tider, når han så på de døde Yeehatene, falmet smerten.

Und dann stieg ein seltsamer Stolz in ihm auf, wild und vollkommen.

Og så steg en merkelig stolthet inni ham, voldsom og fullstendig.

Er hatte den Menschen getötet, das höchste und gefährlichste Wild von allen.

Han hadde drept mennesket, det høyeste og farligste spillet av alle.

Er hatte unter Missachtung des alten Gesetzes von Keule und Reißzahn getötet.

Han hadde drept i strid med den gamle loven om kølle og hoggtennen.

Buck schnüffelte neugierig und nachdenklich an ihren leblosen Körpern.

Buck snuste på de livløse kroppene deres, nysgjerrig og tankefull.

Sie waren so leicht gestorben – viel leichter als ein Husky in einem Kampf.

De hadde dødd så lett – mye lettere enn en husky i en kamp.

Ohne ihre Waffen waren sie weder wirklich stark noch stellten sie eine Bedrohung dar.

Uten våpnene sine hadde de ingen reell styrke eller trussel.

Buck würde sie nie wieder fürchten, es sei denn, sie wären bewaffnet.

Buck kom aldri til å frykte dem igjen, med mindre de var bevæpnet.

Nur wenn sie Keulen, Speere oder Pfeile trugen, war er vorsichtig.

Bare når de bar køller, spyd eller piler, ville han være forsiktig.

Die Nacht brach herein und ein Vollmond stieg hoch über die Baumwipfel.

Natten falt på, og en fullmåne steg høyt over trærnes topper.

Das blasse Licht des Mondes tauchte das Land in einen sanften, geisterhaften Schein wie am Tag.

Månens bleke lys badet landet i et mykt, spøkelsesaktig skjær som dag.

Als die Nacht hereinbrach, trauerte Buck noch immer am stillen Teich.

Etter hvert som natten ble dypere, sørget Buck fortsatt ved den stille dammen.

Dann bemerkte er eine andere Regung im Wald.

Så ble han oppmerksom på en annen bevegelse i skogen.

Die Aufregung kam nicht von den Yeehats, sondern von etwas Älterem und Tieferem.

Opprøret kom ikke fra Yeehat-familien, men fra noe eldre og dypere.

Er stand auf, spitzte die Ohren und prüfte vorsichtig mit der Nase die Brise.

Han reiste seg opp, med hevede ører, og undersøkte forsiktig brisen på nesen.

Aus der Ferne ertönte ein schwacher, scharfer Aufschrei, der die Stille durchbrach.

Langt bortefra kom et svakt, skarpt hyl som gjennomboret stillheten.

Dann folgte dicht auf den ersten ein Chor ähnlicher Schreie.

Så fulgte et kor av lignende rop tett bak det første.

Das Geräusch kam näher und wurde mit jedem Augenblick lauter.

Lyden kom nærmere, og ble høyere for hvert øyeblikk som gikk.

Buck kannte diesen Schrei – er kam aus dieser anderen Welt in seiner Erinnerung.

Buck kjente dette ropet – det kom fra den andre verdenen i minnet hans.

Er ging in die Mitte des offenen Platzes und lauschte aufmerksam.

Han gikk til midten av det åpne rommet og lyttet oppmerksomt.

Der Ruf ertönte vielstimmig und kraftvoller denn je.

Ropet rungte ut, mange bemerket og kraftigere enn noensinne.

Und jetzt war Buck mehr denn je bereit, seiner Berufung zu folgen.

Og nå, mer enn noen gang før, var Buck klar til å svare på kallet hans.

John Thornton war tot und hatte keine Bindung mehr an die Menschheit.

John Thornton var død, og han hadde ikke noe bånd til mennesker igjen.

Der Mensch und alle menschlichen Ansprüche waren verschwunden – er war endlich frei.

Mennesket og alle menneskelige krav var borte – han var endelig fri.

Das Wolfsrudel jagte Fleisch, wie es einst die Yeehats getan hatten.

Ulveflokken jaget kjøtt slik Yeehatene en gang gjorde.

Sie waren Elchen aus den Waldgebieten gefolgt.

De hadde fulgt elger ned fra de skogkledde områdene.

Nun überquerten sie, wild und hungrig nach Beute, sein Tal.

Nå, ville og sultne på bytte, krysset de inn i dalen hans.

Sie kamen auf die mondbeschienene Lichtung und flossen wie silbernes Wasser.

Inn i den månebelyste lysningen kom de, rennende som sølvfarget vann.

Buck stand regungslos in der Mitte und wartete auf sie.

Buck sto stille i midten, ubevegelig og ventet på dem.

Seine ruhige, große Präsenz versetzte das Rudel in Erstaunen und ließ es kurz verstummen.

Hans rolige, store tilstedeværelse sjokkerte flokken til en kort stillhet.

Dann sprang der kühnste Wolf ohne zu zögern direkt auf ihn zu.

Så hoppet den dristigste ulven rett mot ham uten å nøle.

Buck schlug schnell zu und brach dem Wolf mit einem einzigen Schlag das Genick.

Buck slo til raskt og brakk ulvens nakke i et enkelt slag.

Er stand wieder regungslos da, während der sterbende Wolf sich hinter ihm wand.

Han sto ubevegelig igjen mens den døende ulven vred seg bak ham.

Drei weitere Wölfe griffen schnell nacheinander an.

Tre ulver til angrep raskt, den ene etter den andre.

Jeder von ihnen zog sich blutend zurück, die Kehle oder die Schultern waren aufgeschlitzt.

Hver av dem trakk seg tilbake blødende, med overskåret hals eller skuldre.

Das reichte aus, um das ganze Rudel zu einem wilden Angriff zu provozieren.

Det var nok til å sette hele flokken i vill angrep.

Sie stürmten gemeinsam hinein, waren zu eifrig und zu dicht gedrängt, um einen guten Schlag zu erzielen.

De stormet inn sammen, for ivrige og for tettpakket til å slå godt til.

Dank seiner Schnelligkeit und Geschicklichkeit war Buck in der Lage, dem Angriff immer einen Schritt voraus zu sein.

Bucks fart og ferdigheter tillot ham å holde seg i forkant av angrepet.

Er drehte sich auf seinen Hinterbeinen und schnappte und schlug in alle Richtungen.

Han snurret på bakbeina, glefset og slo i alle retninger.

Für die Wölfe schien es, als ob seine Verteidigung nie geöffnet oder ins Wanken geraten wäre.

For ulvene virket dette som om forsvaret hans aldri åpnet seg eller vaklet.

Er drehte sich um und schlug so schnell zu, dass sie nicht hinter ihn gelangen konnten.

Han snudde seg og hugg så raskt at de ikke kunne komme bak ham.

Dennoch zwang ihn ihre Übermacht zum Nachgeben und Zurückweichen.

Likevel tvang antallet deres ham til å gi etter og trekke seg tilbake.

Er ging am Teich vorbei und hinunter in das steinige Bachbett.

Han beveget seg forbi dammen og ned i det steinete bekkeleiet.

Dort stieß er auf eine steile Böschung aus Kies und Erde.

Der kom han borti en bratt skrent av grus og jord.

Er ist bei den alten Grabungen der Bergleute in einen Eckeinschnitt geraten.

Han kom seg inn i et hjørne som ble kuttet under gruvearbeidernes gamle graving.

Jetzt war Buck von drei Seiten geschützt und stand nur noch dem vorderen Wolf gegenüber.

Nå, beskyttet på tre sider, sto Buck bare overfor den fremste ulven.

Dort stand er in der Enge, bereit für die nächste Angriffswelle.

Der sto han i sjakk, klar for den neste angrepsbølgen.

Buck blieb so hartnäckig standhaft, dass die Wölfe zurückwichen.

Buck holdt stand så standhaftig at ulvene trakk seg tilbake.

Nach einer halben Stunde waren sie erschöpft und sichtlich besiegt.

Etter en halvtime var de utslitte og synlig beseiret.

Ihre Zungen hingen heraus, ihre weißen Reißzähne glänzten im Mondlicht.

Tungene deres hang ut, de hvite hoggtennene deres glitret i måneskinnet.

Einige Wölfe legten sich mit erhobenem Kopf hin und spitzten die Ohren in Richtung Buck.

Noen ulver la seg ned med hevede hoder og spissede ører mot Buck.

Andere standen still, waren wachsam und beobachteten jede seiner Bewegungen.

Andre sto stille, årvåkne og fulgte med på hver eneste bevegelse han gjorde.

Einige gingen zum Pool und schlürften kaltes Wasser.

Noen få vandret bort til bassenget og drakk kaldt vann.

Dann schlich ein großer, schlanker grauer Wolf sanft heran.
Så krøp en lang, mager grå ulv forsiktig frem.
Buck erkannte ihn – es war der wilde Bruder von vorhin.
Buck kjente ham igjen – det var den ville broren fra før.
Der graue Wolf winselte leise und Buck antwortete mit einem Winseln.
Den grå ulven klynket lavt, og Buck svarte med et klynk.
Sie berührten ihre Nasen, leise und ohne Drohung oder Angst.
De berørte nesene, stille og uten trussel eller frykt.
Als nächstes kam ein älterer Wolf, hager und von vielen Kämpfen gezeichnet.
Deretter kom en eldre ulv, mager og arrmerket etter mange kamper.
Buck wollte knurren, hielt aber inne und schnüffelte an der Nase des alten Wolfes.
Buck begynte å knurre, men stoppet opp og snuste på den gamle ulvens nese.
Der Alte setzte sich, hob die Nase und heulte den Mond an.
Den gamle satte seg ned, løftet nesen og ulte mot månen.
Der Rest des Rudels setzte sich und stimmte in das langgezogene Heulen ein.
Resten av flokken satte seg ned og ble med på det lange ulet.
Und nun ertönte der Ruf an Buck, unmissverständlich und stark.
Og nå kom kallet til Buck, umiskjennelig og sterkt.
Er setzte sich, hob den Kopf und heulte mit den anderen.
Han satte seg ned, løftet hodet og hylte sammen med de andre.
Als das Heulen aufhörte, trat Buck aus seinem felsigen Unterschlupf.
Da ulingen tok slutt, steg Buck ut av det steinete lyet sitt.
Das Rudel umringte ihn und beschnüffelte ihn zugleich freundlich und vorsichtig.
Flokken lukket seg rundt ham og snufset både vennlig og forsiktig.

Dann stießen die Anführer einen lauten Schrei aus und rannten in den Wald.

Så hylte lederne og løp av gårde inn i skogen.

Die anderen Wölfe folgten und jaulten im Chor, wild und schnell in der Nacht.

De andre ulvene fulgte etter, hylende i kor, ville og raske i natten.

Buck rannte mit ihnen, neben seinem wilden Bruder her, und heulte dabei.

Buck løp med dem, ved siden av sin ville bror, og ulte mens han løp.

Hier geht die Geschichte von Buck gut zu Ende.

Her gjør historien om Buck det godt i å ta slutt.

In den folgenden Jahren bemerkten die Yeehats seltsame Wölfe.

I årene som fulgte la Yeehat-familien merke til merkelige ulver.

Einige hatten braune Flecken auf Kopf und Schnauze und weiße Flecken auf der Brust.

Noen hadde brunt på hodet og snuten, hvitt på brystet.

Doch noch mehr fürchteten sie sich vor einer geisterhaften Gestalt unter den Wölfen.

Men enda mer fryktet de en spøkelsesaktig skikkelse blant ulvene.

Sie sprachen flüsternd vom Geisterhund, dem Anführer des Rudels.

De hvisket om Spøkelseshunden, lederen av flokken.

Dieser Geisterhund war schlauer als der kühnste Yeehat-Jäger.

Denne spøkelseshunden var mer listig enn den dristigste Yeehat-jegeren.

Der Geisterhund stahl im tiefsten Winter aus Lagern und riss ihre Fallen auseinander.

Spøkelseshunden stjal fra leirer i dyp vinter og rev fellene deres i stykker.

Der Geisterhund tötete ihre Hunde und entkam ihren Pfeilen spurlos.

Spøkelseshunden drepte hundene deres og unnslapp pilene deres sporløst.

Sogar ihre tapfersten Krieger hatten Angst, diesem wilden Geist gegenüberzutreten.

Selv deres modigste krigere fryktet å møte denne ville ånden.

Nein, die Geschichte wird im Laufe der Jahre in der Wildnis immer düsterer.

Nei, historien blir enda mørkere etter hvert som årene går i naturen.

Manche Jäger verschwinden und kehren nie in ihre entfernten Lager zurück.

Noen jegere forsvinner og vender aldri tilbake til sine fjerne leirer.

Andere werden mit aufgerissener Kehle erschlagen im Schnee gefunden.

Andre blir funnet med revet opp strupene, drept i snøen.

Um ihren Körper herum sind Spuren – größer als sie ein Wolf hinterlassen könnte.

Rundt kroppene deres er det spor – større enn noen ulv kunne lage.

Jeden Herbst folgen die Yeehats der Spur des Elchs.

Hver høst følger Yeehats elgens spor.

Aber ein Tal meiden sie, weil ihnen die Angst tief im Herzen eingegraben ist.

Men de unngår én dal med frykt hugget dypt inn i hjertene sine.

Man sagt, dass der böse Geist dieses Tal als seine Heimat ausgewählt hat.

De sier at dalen er valgt av den onde ånden som hjem.

Und wenn die Geschichte erzählt wird, weinen einige Frauen am Feuer.

Og når historien blir fortalt, gråter noen kvinner ved bålet.

Aber im Sommer kommt ein Besucher in dieses ruhige, heilige Tal.

Men om sommeren kommer én besøkende til den stille, hellige dalen.

Die Yeehats wissen nichts von ihm und können es auch nicht verstehen.

Yeehatene vet ikke om ham, og de kunne heller ikke forstå.

Der Wolf ist großartig und mit einer Pracht überzogen wie kein anderer seiner Art.

Ulven er en stor en, dekket av prakt, ulik ingen annen av sitt slag.

Er allein überquert den grünen Wald und betritt die Waldlichtung.

Han alene krysser fra grønt tømmer og går inn i skoglysningen.

Dort sickert goldener Staub aus Elchhautsäcken in den Boden.

Der siver gyllent støv fra elgskinnsekker ned i jorden.

Gras und alte Blätter haben das Gelb vor der Sonne verborgen.

Gress og gamle blader har skjult det gule for solen.

Hier steht der Wolf still, denkt nach und erinnert sich.

Her står ulven i stillhet, tenker og husker.

Er heult einmal – lang und traurig – bevor er sich zum Gehen umdreht.

Han uler én gang – langt og sørgmodig – før han snur seg for å gå.

Doch er ist nicht immer allein im Land der Kälte und des Schnees.

Likevel er han ikke alltid alene i kuldens og snøens land.

Wenn lange Winternächte über die tiefer gelegenen Täler hereinbrechen.

Når lange vinternetter senker seg over de lavere dalene.

Wenn die Wölfe dem Wild durch Mondlicht und Frost folgen.

Når ulvene følger vilt gjennom måneskinn og frost.

Dann rennt er mit großen, wilden Sprüngen an der Spitze des Rudels entlang.

Så løper han i spissen for flokken, hoppende høyt og vilt.

Seine Gestalt überragt die anderen, aus seiner Kehle erklingt Gesang.

Skikkelsen hans ruver over de andre, halsen hans levende av sang.

Es ist das Lied der jüngeren Welt, die Stimme des Rudels.

Det er den yngre verdens sang, flokkens stemme.

Er singt, während er rennt – stark, frei und für immer wild.

Han synger mens han løper – sterk, fri og evig vill.

www.ingramcontent.com/pod-product-compliance
Lightning Source LLC
Chambersburg PA
CBHW011729020426
42333CB00024B/2805